Schrader-Motor-Chronik

BMW 501–507
Limousinen, Cabriolets,
3200 Bertone
1952–68

Schrader-Motor-Chronik

BMW 501–507
Limousinen, Cabriolets, 3200 Bertone
1952–68

Eine Dokumentation von Walter Zeichner

Schrader Automobil-Bücher Handelsgesellschaft mbH München

Sie gehören längst zu den großen Klassikern, die BMW der Spitzenkategorie aus den fünfziger und sechziger Jahren. Diesen 501, 502, 503 und 507 ist dieser Band der Schrader-Motor-Chronik gewidmet, der in originalgetreuer Faksimilewiedergabe eine Reihe anspruchsvoll aufgemachter Werbematerialien jener Jahre zum Inhalt hat. Die Stilmittel jener Zeit unterscheiden sich schon sehr von den heutigen, und das macht die Lektüre dieses automobilnostalgischen Geschichtsbuches zusätzlich interessant. Eine Anmerkung zur Zeitspanne, die auf dem Titel dieses Buches angegeben ist. Daß die Serienproduktion des letzten V8-Automobils bei BMW 1965 endete, weiß jeder Markenfan. Drei Jahre aber blieb noch der Achtzylindermotor als Bootsaggregat im Angebot – das haben wir hier berücksichtigt (siehe auch Seite 91). Gedankt sei den Damen und Herren des Historischen Archivs im Hause BMW für ihre hilfreiche Unterstützung, die sie dem Autor zuteil werden ließen, sowie Robert Horender, der für die Modellseite verantwortlich zeichnet.

Halwart Schrader
Herausgeber

Copyright Schrader Automobil-Bücher 1987
Frauenstraße 32, D-8000 München 5
Nachdruck, auch auszugsweise, nur mit
ausdrücklicher Genehmigung des Verlages
Dokumentation: Walter Zeichner
Gestaltung: Sonja Anderle
Satz und Druck: Courier Druckhaus, Ingolstadt
ISBN 3-922-617-28-X
Printed in Germany

Inhalt

Ein schwerer Neubeginn	6
BMW 501 Sechszylinder	11
Deutschlands erster Serien-V8	27
Cabriolets und Coupés	54
Ein Coupé von Rasse: BMW 503	58
Rarität seit Anbeginn: BMW 507	65
BMW 3200 CS Bertone	80
Die großen BMW-Wagen im Test	86
Technische Daten 1962–68	88
Stückzahlen 1952–65	92
BMW en miniature	93
BMW-Clubs	94
Literatur für den BMW-Enthusiasten	95

Ein schwerer Neubeginn

Als die Firma BMW im Jahre 1951 ihren ersten Personenwagen nach dem Zweiten Weltkrieg vorstellte, war sie die letzte deutsche Automobilfirma unter denen, die einen Neuanfang geschafft hatten. Während VW, Daimler-Benz, Ford und Opel schon in den vierziger Jahren eine zum Teil respektable Autoproduktion zuwege gebracht hatten, war der Neuanfang bei BMW sehr bescheiden. Sogar das ehemalige Autowerk in Eisenach, jetzt unter sowjetischer Verwaltung, hatte 1948 mit dem Weiterbau der Typen 321 und 327 für den Export nach Vorkriegsmuster begonnen, während man in München gerade mit der Fertigstellung des ersten Motorrades kämpfte.

Im Stammwerk Milbertshofen war noch kurz vor Ende des Krieges ein Drittel der Fabrikanlagen zerstört worden. Nach der Kapitulation wurde ein Großteil der Maschinen als Reparationsgut beschlagnahmt und fortgeschafft; nur wenige wichtige Anlagen konnten von der restlichen Belegschaft mit List und Tücke gerettet werden. Als Produzent von Flugmotoren waren die Bayerischen Motoren-Werke unter der amerikanischen Besatzung als Hersteller von Kriegsgerät auf der „Schwarzen Liste", und binnen kurzem plante man die Schleifung der gesamten Werksanlagen. Trotzdem versuchte Kurt Donath, ehemals technischer Geschäftsführer, die Geschäfte wieder in Gang zu bringen, und bald wurden in den verbliebenen BMW-Hallen sogar US-Autos repariert.

Mittlerweile hatten die Besatzer offensichtlich das Interesse daran verloren, das BMW-Werk zu vernichten. Anfang 1946 begann man dort mit der Herstellung von Kochtöpfen und Baubeschlägen, weil man durch die ehemalige Flugmotorenproduktion noch über große Mengen von Leichtmetallteilen verfügte, die man einschmelzen und neu gießen konnte. Anfang 1947 begann man einfache Landmaschinen und Bäckereigeräte herzustellen, wogegen die Amerikaner nichts einzuwenden hatten, da Deutschland nach Plänen ihres Staatssekretärs Morgenthau ohnehin in ein absolutes Agrarland verwandelt werden sollte. Diese Geräte wurden nicht unter dem Firmennamen BMW vertrieben, sondern führten die Bezeichnung „Raussendorf", ein Ingenieur, der der Münchner Firma seine Konstruktionspläne verkauft hatte. Wenig später versuchte man es sogar mit dem Bau von Fahrrädern aus Aluguß, doch fehlte es schließlich an den Maschinen für eine rentable Serienfertigung, so daß nur eine Handvoll Exemplare entstanden.

In Eisenach hatte man schon im Herbst mit der Produktion des Motorrades R 35 begonnen. Fieberhaft (wenn auch zunächst noch heimlich) machte man sich auch in Bayern daran, die Vorkriegsmaschine R 23 zu überarbeiten. Im Frühling 1948 präsentierte man schließlich mit der R 24 die erste neue BMW nach dem Krieg stolz auf dem Genfer Automobilsalon.

In England entstand nach Originalzeichnungen des Typs 327 und unter der Leitung des ehemaligen technischen Direktors von BMW, Fritz Fiedler, dem von den Amerikanern verboten worden war, seine frühere Position wieder einzunehmen, der Bristol 400, eine fast exakte Kopie des BMW-Vorkriegscoupés.

Derweil bastelte man in München an einem durch Zufall wiederentdeckten Prototyp der Serie 332 herum, der 1944 den 326 hätte ablösen sollen. Doch schließlich sah man die Sinnlosigkeit solchen Tuns ein, denn es gab weder Produktionseinrichtungen noch eine Einwilligung der Militärregierung – der Traum von der Wiederaufnahme der Pkw-Produktion lag in weiter Ferne.

Ab 1947 hatte man für die zahlreichen noch vorhandenen BMW 326 mit zwei Liter Hubraum Austauschmotoren herstellen dürfen. Man beschloß, daß dieses Aggregat auch einen zukünftigen neuen BMW antreiben solle. Nun hätte man freilich die moderne selbsttragende Ka-

Ganz oben: Stylingstudie für den 501. Darunter Pinin Farinas Karosserie 1951. Links das Ausstellungsmodell der 1951er IAA.

rosserie des Prototyps 332 verwenden können, doch Fritz Fiedler als nach Deutschland zurückgekehrter technischer Direktor hielt nichts von dieser Konzeption. Er glaubte weiter an die Zukunft des herkömmlichen Chassis, womit man auch den 332 zu den Akten legen konnte. Daraufhin machte sich Stylist Wilhelm Hofmeister an die Arbeit, eine repräsentative, moderne, dennoch der BMW-Tradition gerecht werdende Karosserie zu zeichnen. Das Ergebnis war ein massiger Tourenwagen mit der typischen Kotflügellinie der Vorkriegswagen und stark gewölbtem Kofferraumdeckel, dem man sofort ansah, aus welchem Automobilwerk er stammte. Direktor Hans Grewenig, im selben Jahr zu BMW gekommen, hielt jedoch nichts von solch starker Anlehnung an die Vergangenheit und beauftragte die beiden italienischen Stylisten Farina und Michelotti mit dem Entwurf einer modernen Karosserie. Michelottis Werk fand keine große Zustimmung, doch Farinas Kreation fand durchaus Beifall im BMW-Werk. Im April 1950 traf der Aufsichtsrat indessen eine Entscheidung zugunsten des von Fiedler initiierten Modells, wonach Farinas Limousinendesign von Alfa Romeo übernommen wurde.

Vom neuen großen BMW mit der Bezeichnung 501 existierte bereits ein Prototyp, gebaut von der Stuttgarter Firma Reutter im Jahre 1949. Doch sollte bis zur Serienfertigung noch geraume Zeit verstreichen. Anfang 1950 hatte der Koreakrieg zu dramatischen Materialverknappungen geführt, und es wäre für BMW unmöglich gewesen, jetzt eine Serie des neuen Wagens aufzulegen. So machte man sich daran, den Reutter-Prototyp für eine spätere Serienfertigung zu vervollkommnen. Am 13. April 1951 stellte BMW den neuen Wagen im Münchner Nobelhotel Bayerischer Hof erstmals der Öffentlichkeit vor. Der Wagen beeindruckte jedermann, doch auch der Preis, der mit knapp über 15 000 Mark angesetzt worden war, sorgte für Schlagzeilen und bei manchem für Kopfschütteln, denn für die meisten Deutschen in jener Zeit war sogar die Anschaffung eines nur 4600 Mark teuren Volkswagens ein unerreichbarer Traum.

Doch die Produktion kam so schnell nicht in Gang, da BMW auch im Herbst 1951, als die übrigen Hersteller ihren Vorjahresbedarf an Blechen wieder zugeteilt beka-

Ganz oben ein V8-Coupé von Autenrieth, darunter ein 1954 von derselben Firma gebautes Cabriolet und ein zweitüriges Cabrio von Baur, Stuttgart.

men, leer ausging. Im Dezember hatte sich die Rohstoffsituation schließlich etwas gebessert, und man konnte mit der Auflage von 25 Versuchsexemplaren beginnen. Inzwischen hatte sich die Karosseriefabrik Reutter jedoch dem Bau der Porsche-Sportwagen zugewandt, so daß die Firma Karl Baur, ebenfalls in Stuttgart ansässig, einsprang. Um den Wagen nicht zu schwer geraten zu lassen, sollte die Außenhaut aus Aluminium gefertigt werden, was aber als problematisch erkannt wurde, da die Qualität der Aluminiumbleche in dieser Zeit nicht hoch genug war, die extremen Wölbungen der Karosserie zu verkraften. Schließlich stellte man außer Motorhaube und Kofferklappe die Fertigung auf Stahlblech um, was freilich das Gewicht des Wagens bedrohlich ansteigen ließ. Kurt Donath konstruierte daraufhin einen neuen Zylinderkopf, der dem betagten Sechszylinder durch höhere Verdichtung und Drehzahl fünf PS mehr entlocken konnte. Zwar hatte man Anfang 1952 bereits mit der Konstruktion eines neuen V8-Motors begonnen, doch war mit der großen Maschine erst für 1954 zu rechnen.

Unter vielen Schwierigkeiten begann endlich im Oktober die Produktion der Serienmodelle, wobei die Fahrgestelle von Milbertshofen zu Baur nach Stuttgart und nach der Montage wieder zurückgeschafft werden mußten. Im ersten Produktionsmonat entstanden auf diese Weise nur neun Wagen, im folgenden 17 und im Dezember schließlich 32, die alle einheitlich schwarz lackiert waren, um Kosten zu sparen.

Der BMW 501 hatte einige interessante Details zu bieten, so die Unterbringung des Getriebes in Höhe der vorderen Sitzbank, was den vorn Sitzenden großzügigen Fußraum bescherte. Außerdem besaß die hintere Starrachse im Vergleich zu zeitgenössischen Konkurrenten eine besonders aufwendige Führung mit Drehstabfederung und oberen Dreiecksquerlenkern. Bei den ersten 150 Exemplanaren bestanden die Motor- und Kofferraumhauben aus Leichtmetall, um das Gewicht niedrig zu halten, doch zwangen Ermüdungserscheinungen dieses Materials bald zur ausschließlichen Verwendung von Stahlblech, was das Gewicht des ohnehin schon schweren Wagens wieder in die Höhe trieb. Zum Glück erwies sich die Karosserie als erfreulich windschnittig und machte den Wagen bei Vollgas fast 140 km/h schnell. Doch vertrug die Maschine keine dauernde Höchstbelastung, und man empfahl ein Dauertempo von 120 km/h.

Der Verkauf des repräsentativen Wagens lief von Anfang an nicht wie erwartet. Zum einen fehlte es am entsprechenden Händlernetz, zum anderen war die Konkurrenz von Mercedes-Benz härter als zuvor. Man versuchte durch eine nochmalige Leistungssteigerung des alten Motors auf 72 PS das Auto noch attraktiver zu machen, doch das Ergebnis waren einige peinliche Motorschäden, die der ohnehin mit finanziellen Schwierigkeiten kämpfenden Firma immense Garantiekosten verursachten und dem Ansehen der Wagen schadeten.

Inzwischen hatte man begonnen, mit Hilfe von Aufbaukrediten ein eigenes Karosseriepreßwerk zu erstellen, um die umständliche Zusammenarbeit mit Baur in Stuttgart zu beenden. Um den Auftragsverlust auszugleichen, baute Baur in Handarbeit den großen BMW zu Coupés und Cabriolets um, die über das BMW-Händlernetz angeboten, aber nur in sehr kleiner Zahl verkauft wurden. Im Sommer 1954 hatte BMW es geschafft, den neuen Leichtmetall-V8-Motor zur Produktionsreife zu entwickeln; das mächtige Aggregat war das erste dieser Art, das in Deutschland in großer Serie produziert wurde. Der damit bestückte BMW erhielt die Modellbezeichnung 502. Der Motor entwickelte 95 PS aus 2,6 Liter Hubraum und verhalf dem teuren Auto endlich zu adäquaten Fahrleistungen, wie einer Spitzengeschwindigkeit von über 160 km/h.

1954 wurde auf Basis des 2,6-Liter ein Sportzweisitzer von Ernst Loof (einst Ingenieur bei BMW, inzwischen Veritas-Chef) entworfen und bei Baur gebaut, um dem neuen, spektakulären Mercedes 300 SL etwas entgegenzusetzen und vielleicht ins Amerikageschäft einsteigen zu können. BMW-US-Importeur Max Hoffmann winkte schnell ab, als er den wulstigen Zweisitzer vorgeführt bekam; das Projekt wurde nicht weiter verfolgt. Durch die Vermittlung Hoffmanns befaßte sich indessen der in Amerika lebende Stylist Albrecht Graf Goertz ebenfalls mit dem Entwurf eines BMW-Sportwagens. Zur gleichen Zeit zeichnete er auch ein großes, 2+2sitziges Coupé, welches im Unterschied zum 507 genannten Roadster die BMW-typische Front aufwies und auf dem unverkürzten 502-Fahrgestell montiert werden konnte. Man beauftragte die Firma Baur mit dem Bau der Prototypen des 503 und arbeitete in München am 507.

Hoffmann hatte einen Großauftrag für den 507 in Aussicht gestellt, doch als der Preis des Wagens mit ca. 37 000 Mark für den US-Export feststand, sah er keine Chancen mehr für einen guten Verkauf und orderte nur ein paar Exemplare. Auf der IAA 1955 gab es schließlich nicht nur diese beiden, sondern auch einen dritten neuen BMW zu bestaunen. Das war die Limousine mit einem 3,2-Liter-Motor. Doch trotz hinreißend schöner Karosserien, vor allem beim 507, war den großen Wagen, die in sehr aufwendiger Handarbeit entstanden, nicht der Erfolg eines Mercedes 300 SL beschieden, dessen Fahrleistungen sie auch nicht entfernt erreichen konnten.

Trotz zahlreicher Rückschläge setzte man bei BMW weiter auf den Konkurrenzkampf mit der etablierten Stuttgarter Nobelfirma und versuchte sogar deren Typ 300 mit einer riesigen Limousine auf verlängertem 3,2-Liter-Fahrgestell und einer Karosserie mit allen erdenklichen Extras von der Schweizer Firma Ghia-Aigle auszustechen. Doch die Bonner Regierung, der man mit dem Super-BMW zu imponieren gedachte, blieb bei den Wagen mit dem Stern. Vielleicht zum Glück für die Firma BMW, die ein solches Projekt in noch größere finanzielle Schwierigkeiten gebracht hätte.

1955 war auch der Sechszylinder-501 verbessert worden. Er schöpfte seine 72 PS jetzt aus 2,1 Liter Hubraum, während die luxuriösen V8-Modelle eine große Panoramaheckscheibe bekamen. Im Innenraum fand man ab diesem Baujahr nun Liegesitze, vordere Ausstellfenster und drei voluminöse Armlehnen für die Fondpassagiere. Um die Lücke zwischen den bei etwa 17 000 Mark beginnenden Achtzylinder und den ab ca. 12 000 Mark erhältlichen Sechszylindern zu füllen, gab es ab Frühjahr 1955 schon eine nur knapp 14 000 Mark teure 2,6-Liter-V8-Limousine mit dem Namen 501 Achtzylinder. Dieses Modell hatte die etwas bescheidenere Ausstattung der 501-Modelle. 1958 versuchte man durch den Einbau von Scheibenbremsen in den 507 (als erster deutscher Pkw-Hersteller) den Wagen noch einmal aufzuwerten, doch das Interesse auch am 503 war spärlich. Im März 1959 wurde die Produktion beider Typen nach nur 413 503ern und 252 507ern eingestellt. Bald darauf rollten von diesen Bändern die kleinen 700er, die erstmals spürbar dazu beitragen konnten, die Finanzlage des Unternehmens zu verbessern. Die großen 501 und 502 verkauften sich nur in geringen Stückzahlen, 1958 konnten vom Sechszylinder nur 150 Exemplare verkauft werden. Offiziell endete die Produktion des 501-Sechszylinders in diesem Jahr, wenn auch bis 1961 noch 17 weitere Exemplare auf Sonderwunsch zusammengebaut wurden. Um das Interesse an den Achtzylindern nicht verebben zu lassen, nahm man im Laufe der folgenden Jahre einige Veränderungen in der Modellpalette vor. 1957 stellte man im Frühjahr den 502 3,2 Liter Super mit zwei Vergasern und 100 PS vor, der 1959 Scheibenbremsen bekam und fast 180 km/h schnell war. Der Wagen kostete 20 000 Mark. 1961, als das neue, gewinnbringende Mittelklassemodell 1500 schon in Sicht war, bekamen alle V8-Typen geänderte Bezeichnungen. Mit 2,6-Liter-Motor gab es den 100 PS starken 2600; der 2600 L wartete mit besserer Ausstattung und 110 PS auf. Die obere Klasse repräsentierten die Modelle 3200 L und S mit 140 bzw. 160 PS, die den 3200 S zu 190 km/h beflügelten. Äußerlich blieben die „Barockengel", wie sie im Volksmund genannt wurden, bis auf neue, runde Heckleuchten (die aus der Motorradlinie stammten) unverändert. Doch die Tage des großen BMW waren gezählt; 1963 verkaufte man nur noch 550 Stück aller V8, bei denen die Firma stets kräftig draufgezahlt hatte. 1964, nach weiteren 29 Wagen, kam im März das Produktionsende. Das Sportcoupé 503 hatte 1961 noch einen Nachfolger in Gestalt des von Bertone attraktiv gestylten BMW 3200 CS erhalten. Doch die Käufer hierzulande fanden wenig Gefallen am Understatement. 1965 endete auch die Fertigung dieses 160 PS starken Wagens, nachdem nur 538 Liebhaber bereit gewesen waren, dafür fast 30 000 Mark auszugeben.

Die BMW 501 und 502 sowie deren Nachfolger hatten trotz ihres wirtschaftlichen Mißerfolgs einen festen Platz im Straßenbild, vor allem in der bayerischen Hauptstadt, wo sogar Feuerwehr und Polizei mit den mächtigen Limousinen ausgerüstet waren. Heute zählen die „Barockengel" zu den beliebtesten Sammlerobjekten aus jener Zeit.

Zahlreiche Karosseriebaufirmen fertigten Sonderversionen auf dem Fahrgestell des großen BMW, wie zum Beispiel Autenrieth, Wendler und Beutler, um nur einige zu nennen. Solche Wagen, sofern sie die Zeiten überlebten, gehören zu den begehrtesten Automobilen der 50er Jahre.

Und noch drei weitere Jahre, nämlich bis zum Herbst 1968, blieb der V8 als Bootsmotor im Angebot.

BMW 501 Sechszylinder

Mehr als ein Jahr sollte vergehen, ehe der 1951 auf der IAA gezeigte Prototyp des neuen großen BMW serienreif war. Und auch der Beginn der Produktion vollzog sich mühsam. Die Lieferzeiten waren beträchtlich, zumal die Fahrzeuge zunächst in Stuttgart karossiert wurden. Aber der 501 kam bei seiner Käuferschaft ausgezeichnet an…

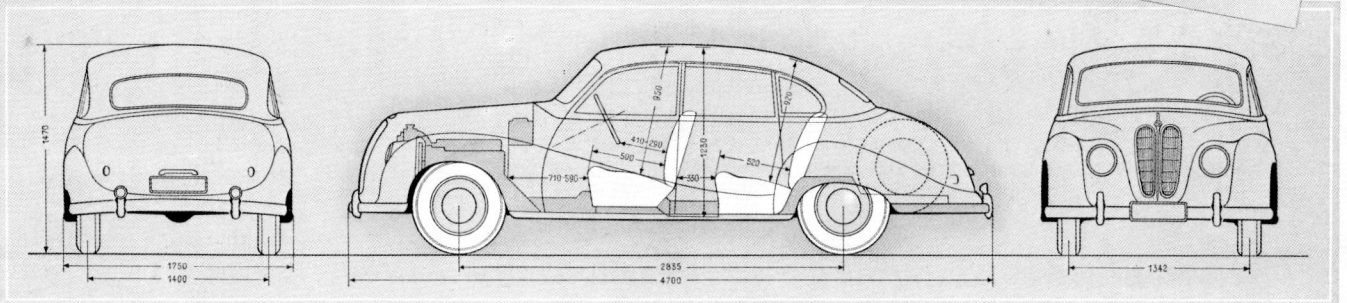

Zierrahmen eingefaßt. Aus Gründen der Zweckmäßigkeit wurde der Fahrtrichtungsanzeiger in der gebräuchlichen Winkerform beibehalten. Das gefällige Lenkrad mit Signalring und Winkerschaltung an der Lenksäule sind der vornehmen und zweckmäßigen Innenausstattung angeglichen. Die Lenkung ist durch ein Sicherheitslenkschloß – gleichzeitig als Zündschalter ausgebildet – diebstahlsicher sperrbar. Der von außen zugängliche Kofferraum, beim Hochklappen des Deckels beleuchtet, kann ebenso wie die Motorhaube nur nach Betätigung eines im Wageninnern befindlichen Handgriffes geöffnet werden. Das Ausmaß des Kofferraumes gestattet, viel Gepäck unterzubringen. Selbst bei vollbeladenem Kofferraum läßt sich das seitlich stehend angeordnete Reserverad mühelos entnehmen. Der im Wagenheck angeordnete Kraftstoffbehälter hat ein Fassungsvermögen von 60 Liter.

Als wesentliche Annehmlichkeit wird man die Heizungs- und Lüftungsanlage empfinden, die durch zugfreie Staudruckbelüftung bei geschlossenen Fenstern jederzeit ausreichende Luftmenge in das Wageninnere schafft. Bei eingeschalteter Heizung erfolgt die Warmluftführung über vom Kühlwasser versorgte Heizkörper, wobei die Luftführung regelbar ist und die Warmluft nach unten und oben zur Scheibenentfrostung gelangt. Diese Art der Lüftung ergibt im Wageninnern einen Überdruck, durch den kalte Luft nicht von außen nach innen dringen kann. Das übersichtliche Armaturenbrett ist für den Einbau eines bequem zu bedienenden Radiogerätes mit zwei Lautsprechern vorgesehen. Die Antenne ist liegend auf dem Karosseriedach angeordnet und im Gebrauch hochstellbar.

TECHNISCHE EINZELHEITEN:

Motor	Sechszylinder Viertakt
Bohrung und Hub	66 : 96 mm
Hubraum	1971 ccm
Verdichtungsverhältnis	6,3 : 1
Ventile	schräghängend im Zylinderkopf, mit Stoßstangen und Kipphebeln
Kolbenwerkstoff	Leichtmetall mit 4 Ringen
Vergaser	1 Solex Doppelfallstrom-Vergaser mit gegenläufig öffnenden Drosselklappen und Starthilfsvergaser
Ölkühlung	durch Wärmeaustauscher
Getriebe	Viergangetriebe mit geräuschlosen, schrägverzahnten Rädern in sämtlichen Vorwärtsgängen
Getriebeuntersetzung	1. Gg. 3,85:1, 2. Gg. 2,17:1, 3. Gg. 1,30:1, 4. Gg. 1:1, Rw.-Gg. 3,88:1
Schaltung	Lenkradschaltung, mit Schalterleichterung durch Freilauf im 1. Gang und Sperrsynchronisierung des 2., 3. und 4. Ganges. Der 4. Gang hat Schongangcharakter
Hinterachsuntersetzung	4,11 : 1
Fußbremse	groß bemessene hydraulische Bremse mit selbsttätiger Nachstellung, Bremstrommel-Durchmesser 280 mm
Rahmen	Kastenrahmen mit verschweißtem Aufbauboden
Vorderachse	Einzelradfederung, Radführung oben und unten durch Dreieckslenker und 2 Spurstangen-Lenkübertragung
Hinterachse	Starrachse mit nach unten versetzter Ritzelachse
Kraftstoffbehälter	im Wagenheck 60 Liter Fassungsvermögen
Spurweite	1340 mm vorn, 1400 mm hinten
Radstand	2835 mm
Bodenfreiheit	180 mm
Größte Länge	4700 mm
Größte Breite	1750 mm
Größte Höhe	1470 mm
Höchstgeschwindigkeit	135 km/Std. bei Verwendung von Kraftstoff O.Z. 70
Autobahn-Dauergeschwindigkeit	120 km/Std.

Bauänderungen vorbehalten

In gleicher Güte wie Tausende seiner Vorgänger

1951

BMW 501 Zweiliter 60 PS

Das Wiedererscheinen der BMW Wagen bedeutet einem großen Kreis anspruchsvoller Fahrer die Erfüllung eines langgehegten Wunsches. Die Jahre der Unterbrechung der BMW Automobil-Fabrikation sind keineswegs ungenutzt verstrichen, sondern waren erfüllt mit reger Entwicklungsarbeit. Auf den ersten Blick wird erkennbar, daß befähigte Ingenieure und meisterliche Hände wiederum ein hochwertiges Fahrzeug geschaffen haben, welches in der Welt des Automobils wie ehedem seinen Platz einnehmen wird.

Gewandelt ist das Äußere — geblieben aber sind unter Beibehaltung des charakteristischen, in aller Welt bekannten Kühlergesichtes, die Güte, Leistung und Zuverlässigkeit, die bereits viele Tausende von BMW Automobilen früherer Baujahre auszeichneten. Die Linienführung der neuentwickelten Karosserie entspricht einer auf Zweckmäßigkeit und Formschönheit abgestimmten Automobil-Architektur. Ein Wagen von Format und klassischem Stil stellt sich vor, zeitlos wie seine Vorgänger, ungewöhnlich in seiner Leistung und den Fahreigenschaften, geschaffen aus den Erfahrungen eines Zeitabschnittes von Jahrzehnten erfolgreichen Automobilbaues.

Als Kraftquelle des neuen BMW 501 dient ein aus dem bewährten Vorgängertyp „326" weiter vervollkommneter Zweiliter-Sechszylinder-Reihenmotor mit hängend angeordneten Ventilen. Um über den Gesamtdrehzahlbereich einen weichen und ruhigen Motorlauf zu gewährleisten, sowie im Hinblick auf die zur Zeit handelsüblichen Kraftstoffe wurde der Verdichtungsgrad mit 6,3 : 1 bewußt niedrig gehalten. Die bei gleichem Zylinderinhalt dennoch erhöhte Motorleistung konnte durch eine Reihe technischer Verbesserungen, sorgfältige Ausbildung der Ansaugkanäle, ein neuartiges Saugrohr und einen Doppelfallstrom-Vergaser erzielt werden. Zur Regelung der Öltemperatur ist der Motor mit einem Wärmeaustauscher ausgestattet, welcher im Fahrbetrieb das Öl während der kalten Jahreszeit erwärmt und im Sommer kühlt. Die Gemischvorwärmung erfolgt, thermostatisch geregelt, durch die Auspuffgase. Das in allen Gängen praktisch geräuschlose Getriebe stellt eine Weiterentwicklung des „326" Getriebes dar, bei dem der 1. Gang Freilauf besitzt, so daß derselbe unter allen Verhältnissen gefahrlos einschaltbar ist. Der 2., 3. und 4. Gang ist mit Sperrsynchronisierung ausgestattet. Der Radsatz des 3. Ganges wurde verbreitert, um damit als Stadt- und Beschleunigungsgang Dauerbeanspruchungen gewachsen zu sein. Die Trennung des Getriebes vom Motor, das jetzt unter den Vordersitzen angeordnet ist, ermöglicht den Fortfall des häufig störenden Getriebetunnels. Die Betätigung des Getriebes erfolgt durch Lenkradschaltung, die genau im Griffbereich des Fahrers liegt. Wer sonst beim Schalten eine gewisse Scheu empfindet, wird hier den Schaltvorgang als Vergnügen betrachten und entsprechend zügig fahren.

Der zu hoher Verwindungsfestigkeit mit dem Aufbauboden verschweißte, neuentwickelte Tiefbettrahmen, dessen äußere Längsträger in Kastenprofil in voller Karosseriebreite verlaufen, trägt vorn die einzeln aufgehängten Räder, hinten die Starrachse mit nach unten versetztem Ritzel bei einer Schongang-Untersetzung von 4,11 : 1.

Die bewährte BMW Hinterachs-Aufhängung, durch genaue Spurhaltung und seitensteife Führung des Aufbaues gekennzeichnet, erfuhr insofern eine wesentliche Verbesserung, als die Lagerung der Drehstäbe gesondert ausgeführt und nicht mehr mit dem Stoßdämpfer vereint ist. Großdimensionierte Teleskopstoßdämpfer beruhigen Rad- und Aufbauschwingungen bereits im Entstehen. Die neuentwickelte Vorderradaufhängung besteht aus oberem und unterem Dreieckslenker mit wirksamer Abfederung durch in der Wagenlängsachse liegende Drehstäbe. Die ebenfalls neuentwickelte Vorderradlenkung ermöglicht in Verbindung mit dem aus Ritzel und Kegelradsegment bestehendem Lenkgetriebe eine vollkommen korrekte Lenkgeometrie, so daß die Lenkung sowohl bei Geradeaus- wie Kurvenfahrten zielsicher und leichtgängig arbeitet. Neuartig ist, daß die Vorderradaufhängungen je eine selbständige Baugruppe bilden, einzeln abnehmbar sind und in einer Meßvorrichtung geprüft werden können. Die Verwendung reibungsfreier Drehstäbe für die Vorder- und Hinterradfederung wirkt sich günstig auf die Bodenhaftung der Laufräder und die Straßenlage aus. Das Ansprechen der Federung tritt schon bei geringfügigen Straßenunebenheiten vorteilhaft in Erscheinung. Die auf alle vier Räder wirkenden hydraulischen Bremsen mit Trommeldurchmesser von 280 mm verfügen über selbsttätige Nachstellung.

Die geräumige, formschöne Karosserie mit eleganter und reichhaltiger Innenausstattung hat einen bemerkenswert geringen Luftwiderstand. Dieser Vorteil ergibt bei niederer Motordrehzahl hohe Reisegeschwindigkeit und geringen Kraftstoffverbrauch.

Bei der Entwicklung der Karosserie wurde größte Sorgfalt darauf verwandt, 5 bis 6 Fahrzeuginsassen mit allem Komfort auf das behagliche Platz zu bieten und viertürig bequemen Einstieg zu schaffen. Dem Zuge der modernen Entwicklung folgend ist der Karosserieboden vollständig geschlossen, um das Eindringen von Staub und Wasser zu verhindern. Kupplung und Getriebe können von der Unterseite gewartet werden, ohne das Wageninnere zu betreten.

Eine breite, gewölbte Fahrerscheibe ohne Mittelsteg im Ausmaß 1250 x 430 mm bietet in einem weiten Winkel ausgezeichnete Sichtverhältnisse. Auch das große Rückfenster gestattet einen guten, weiträumigen Rückblick. Die seitlich angeordneten Fenster - die Fondfenster für zugfreie Belüftung ausstellbar - sind mit verchromten

Kurz nach der Vorstellung des 501 im Frühjahr 1951 in München wurde dieser Prospekt des neuen großen BMW gedruckt, der auf dieser Zeichnung noch einige Unterschiede zum Serienwagen aufweist.

1953

Bilder vom ersten großen, spiralgebundenen Katalog über den BMW 501 zum Produktionsbeginn des schweren Sechszylinderwagens. Stets wurde in den meisten BMW-Werbemitteln großer Wert auf sachliche Darstellung gelegt.

WIRTSCHAFTLICHES FAHREN SELBST BEI HOHER GESCHWINDIGKEIT

Ein über den Gesamtdrehzahlbereich hochelastischer Sechszylinder-Reihenmotor von 1971 ccm Hubraum mit hängend angeordneten Ventilen, der die Vorzüge tourenmäßiger und sportlicher Laufeigenschaften in sich vereint, dient als Kraftquelle. Die hochentwickelte Gestaltung des Verbrennungsraumes ergibt bei einer Verdichtung von 1:6,8 schon bei niederen Drehzahlen ein hohes Drehmoment. Die Anordnung des Doppelfallstromvergasers bewirkt bei größter Sparsamkeit eine ausgeglichene Gemischverteilung und selbst bei kältesten Wintertemperaturen gute Starteigenschaften. Durch die günstige Wahl der Hinterachsübersetzung in Verbindung mit der Windschlüpfigkeit der Karosserie liegen die Verbrauchswerte für den Zweilitermotor im allgemeinen nur wenig über 10 Liter auf 100 km bei durchschnittlicher Fahrweise. Nur in dem Bereich sehr hoher Reise-Durchschnitte steigert sich der Verbrauch bis auf 12 Liter/100 km. Die Gemischvorwärmung wird thermostatisch geregelt.

JEDER SCHALTVORGANG EINFACH UND LEICHT

Das Getriebe mit schrägverzahnten Rädern besitzt in allen vier Vorwärtsgängen Sperrsynchronisierung und verfügt über äußerste Laufruhe. Die Kupplung wird hydraulisch betätigt. Durch die Trennung des unter den Vordersitzen liegenden Getriebes vom Motor fällt der Getriebetunnel fort, das ergibt erhöhte Bequemlichkeit für die vorn sitzenden Fahrgäste. Die Getriebeschaltung erfolgt durch eine besonders leichtgängige, bequem im Griffbereich des Fahrers liegende Lenksäulenschaltung, die jede Scheu vor dem Schalten schwinden läßt und zu zügiger Fahrweise anregt.

1953

Lüftung und Heizung waren bemerkenswert wirksam.

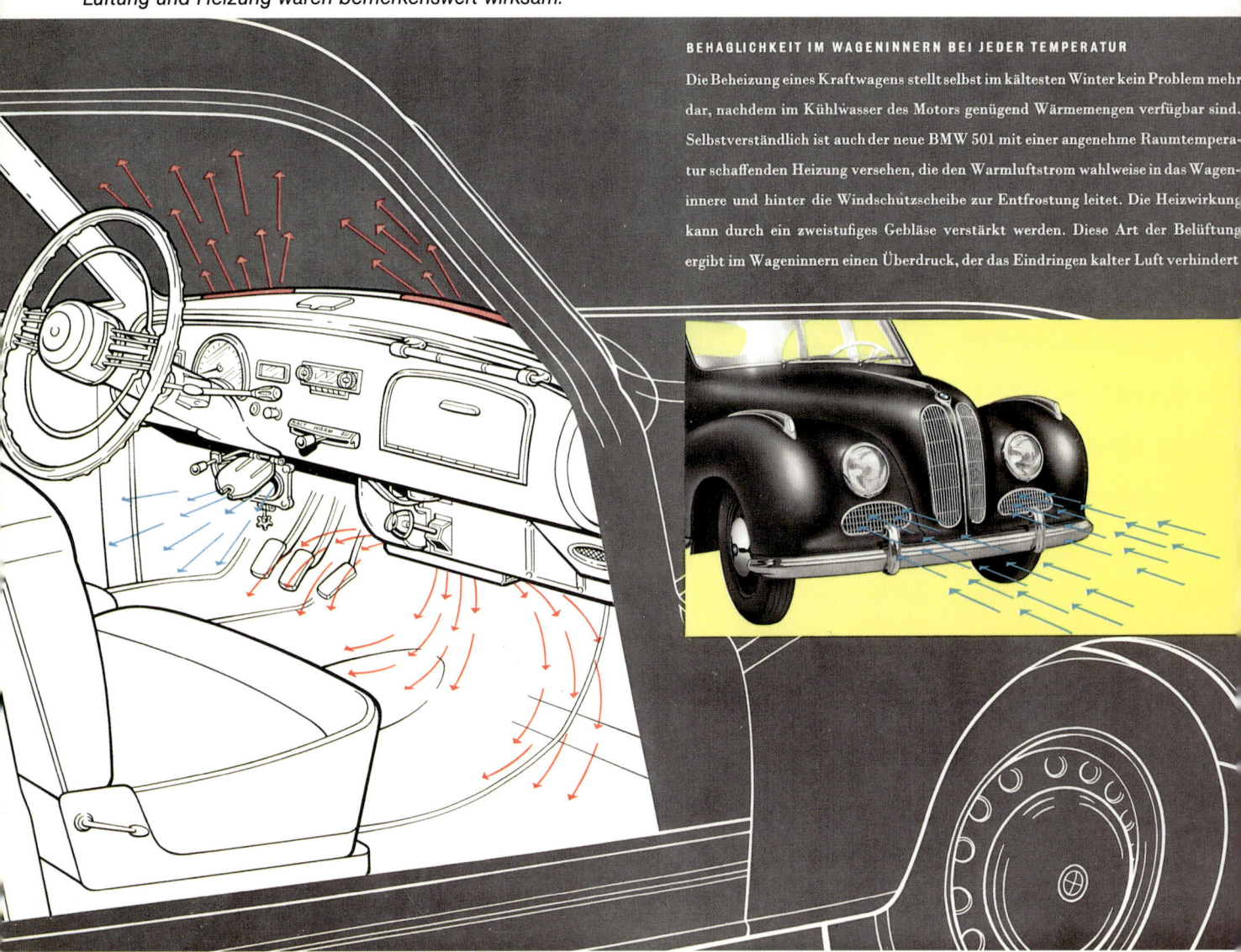

BEHAGLICHKEIT IM WAGENINNERN BEI JEDER TEMPERATUR

Die Beheizung eines Kraftwagens stellt selbst im kältesten Winter kein Problem mehr dar, nachdem im Kühlwasser des Motors genügend Wärmemengen verfügbar sind. Selbstverständlich ist auch der neue BMW 501 mit einer angenehme Raumtemperatur schaffenden Heizung versehen, die den Warmluftstrom wahlweise in das Wageninnere und hinter die Windschutzscheibe zur Entfrostung leitet. Die Heizwirkung kann durch ein zweistufiges Gebläse verstärkt werden. Diese Art der Belüftung ergibt im Wageninnern einen Überdruck, der das Eindringen kalter Luft verhindert.

Sechs Personen konnten in der großen Limousine leicht Platz finden.

Sehr charakteristisch die Front des BMW mit der großen Kühler-„Niere" und den ausladenden Kotflügeln.

1954

Das Armaturenbrett des 501 war im Vergleich zu manchem Konkurrenten eher nüchtern und sachlich.

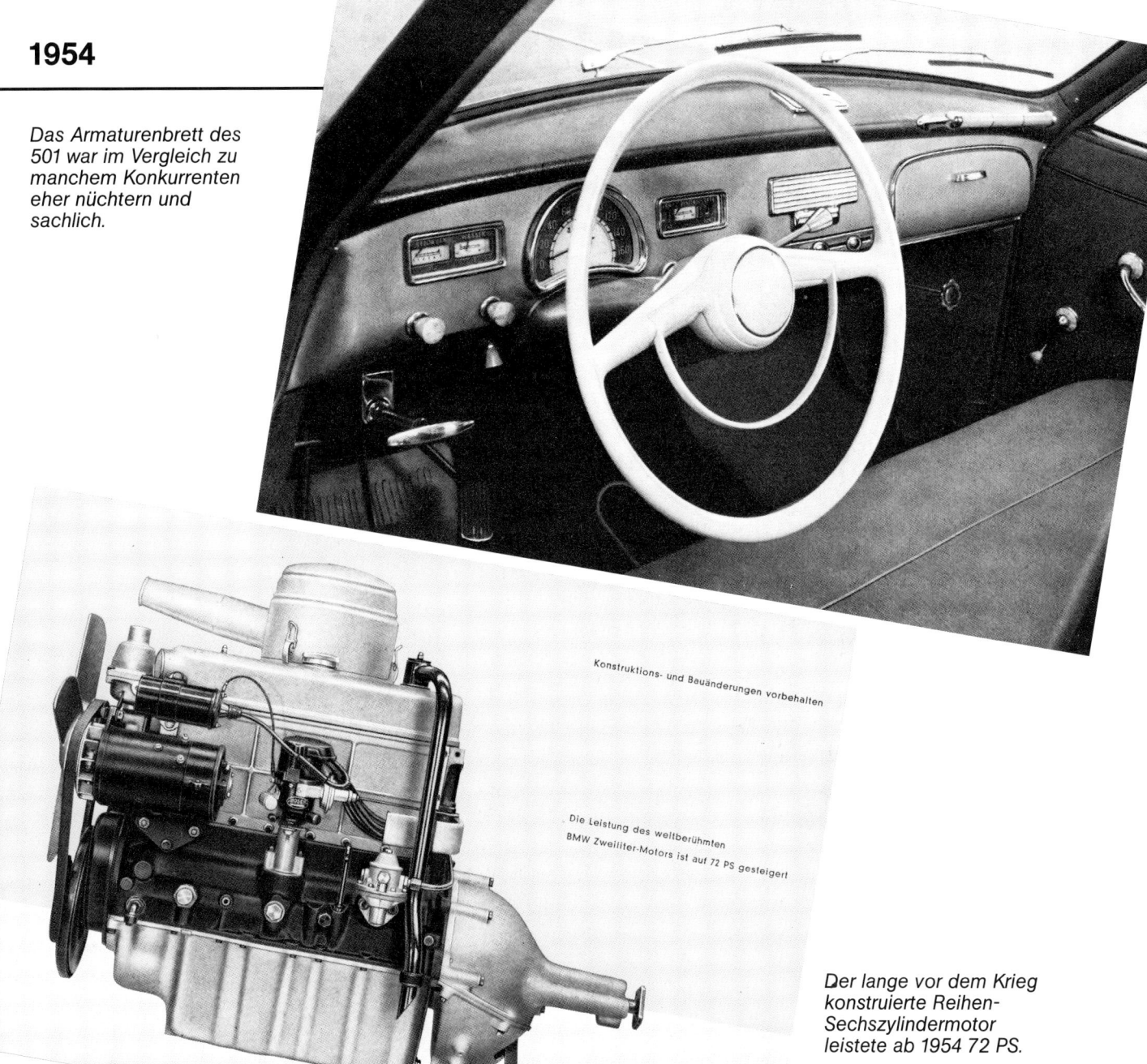

Konstruktions- und Bauänderungen vorbehalten

Die Leistung des weltberühmten BMW Zweiliter-Motors ist auf 72 PS gesteigert

Der lange vor dem Krieg konstruierte Reihen-Sechszylindermotor leistete ab 1954 72 PS.

Der große Reisewagen mit der sportlichen Note... BMW **501 B**

Ab 1954 gab es den Wagen in zwei Ausführungen, als 501 A mit normaler und 501 B mit vereinfachter Ausstattung.

Auf dem Genfer Salon wurde 1954 der Typ 502 als erster deutscher Achtzylinderwagen nach dem Krieg vorgestellt.

Ein elegantes sportliches Gesicht

Die sportlich-elegante Form des BMW 502 läßt nur ahnen, was in diesem Wagen steckt. »Mehr sein als scheinen« war schon immer der Grundsatz der Bayerischen Motoren Werke. Mit der Konstruktion des neuentwickelten 2,6 Liter-Achtzylinders wurde ein leistungsstarker Motor geschaffen, der allerhöchste Ansprüche des sportlichen Automobilisten erfüllt. Die Höchstgeschwindigkeit von 165 km/st, von der vollendet ausgestatteten und bequemen BMW 502 Limousine leicht erreichbar, sagt mehr als viele Worte. Der BMW 502 ist daher der ideale Wagen für jeden, der beruflich in kürzester Zeit weiteste Reisen zurückzulegen hat, für die sportliche Dame ebenso wie für den verwöhnten Herrenfahrer. Wer diesen repräsentativen Wagen fährt, weiß, wie mühelos und komfortabel höchste Reisedurchschnitte bei größter Fahrsicherheit zu erzielen sind.

Einzigartig temperamentvoll und schnell

1954

Das Spitzenmodell 502 hatte eine hochwertigere Innenausstattung; der eindrucksvolle V8-Motor gab 105 PS bei 4800 U/min ab. Ein repräsentativer Viertürer der Superlative!

Unter der Motorhaube

liegt ein technisches Meisterwerk, der kompakte, kraftvolle Achtzylinder V-Motor mit Leichtmetallgehäuse. Seine 105 PS verleihen dem Wagen bei höchster Elastizität über den Gesamtdrehzahlbereich eine Geschwindigkeit von 165 km/st. Laufruhe, Rundlauf, Leistungseinsatz und die Beschleunigungswerte sind überzeugend. Alle Aggregate und der hochwertige Werkzeugsatz sind übersichtlich und leicht zugänglich angeordnet.

Der bequeme Innenraum

zeichnet sich aus durch alle Vorzüge, die neuzeitliche Karosserie-Technik und Innenausstattungs-Kunst zu bieten vermögen. Eleganz, Bequemlichkeit und Zweckmäßigkeit sind kaum zu übertreffen. Bei der Entwicklung der geräumigen, viertürigen Karosserie wurde größter Wert auf mühelosen Ein- und Ausstieg gelegt. Zweckentsprechende Armlehnen und Haltegriffe vervollständigen den Komfort. Die ungewöhnliche Geräumigkeit des von innen gesicherten Kofferraumes mit stehend angeordnetem Reserverad gestattet das Mitnehmen von umfangreichem Reisegepäck.

 **501 A**

*L*eistung und Schönheit – Sicherheit und Bequemlichkeit harmonieren in diesem zuverlässigen Fahrzeug, das Ihnen alle Vorteile moderner Automobilkonstruktion bietet.

Durch Motorleistung, sparsamen Verbrauch und Komfort überrascht dieser elegante Wagen, der in schwersten Langstreckenfahrten siegreich war.

Die dezente Eleganz seiner strömungsgünstigen Linie wurde mehrfach auf Schönheitskonkurrenzen prämiiert.

Als einziger deutscher Personenwagen seiner Klasse ist der BMW 501 mit dem stabilen Vollschutzrahmen ausgestattet. Er bietet Ihnen daher auch bei hohen Geschwindigkeiten ruhige Straßen- und Kurvenlage und größte Sicherheit in voller Wagenbreite für alle Fahrgäste.

Im Gedränge der Großstadt ist der temperamentvolle BMW 501 unübertroffen. Seine Wendigkeit und seine leichtgängige Präzisions-Lenkung machen ihn für Stadt und Reise, für den verwöhnten Herrenfahrer sowie für die selbstfahrende Dame zum geeigneten Fahrzeug. Alles wurde zu Ihrer Bequemlichkeit geschaffen.

Prüfen Sie ihn auf Herz und Nieren! Im Gesamtwert seiner vielen Vorzüge liegt seine Überlegenheit

Im August 1954 wurde der Preis des BMW 501 A um über 1000 Mark gesenkt; der Wagen kostete nun 13 150 Mark, ein Mercedes 300 allerdings 22 000 Mark.

1954

Die BMW 501 Limousine hat 4 Türen.

6 Personen bietet sie ausreichend Platz.

Ohne zu ermüden können Sie auch auf langen Strecken die Fahrt genießen.

Die komfortable Innenausstattung macht Ihnen die Reise angenehm.

Die BMW Sonnendachlimousine läßt Sie Luft und Sonne auch während der Fahrt genießen.

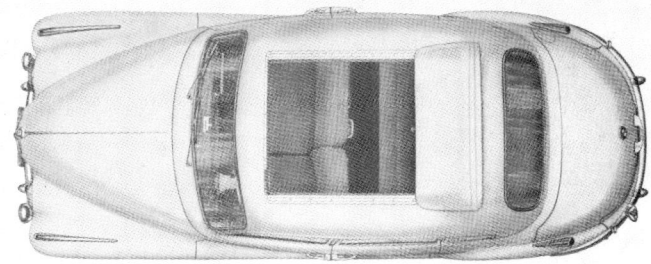

Im BMW 501 Cabriolet finden Sie ein Fahrzeug von besonders sportlicher Note in 2- und 4-türiger Ausführung. Hier vereinen sich Eleganz und Komfort, sportliches Temperament und Stabilität harmonisch zu einem Wagen, der Ihren Traum Wirklichkeit werden läßt.

Links: Auch im Fond des BMW herrschten für heutige Maßstäbe noch fürstliche Platzverhältnisse.

Oben: Wem das Sonnendach nicht genügte, der konnte auch ein bei Baur gefertigtes Cabriolet bestellen.

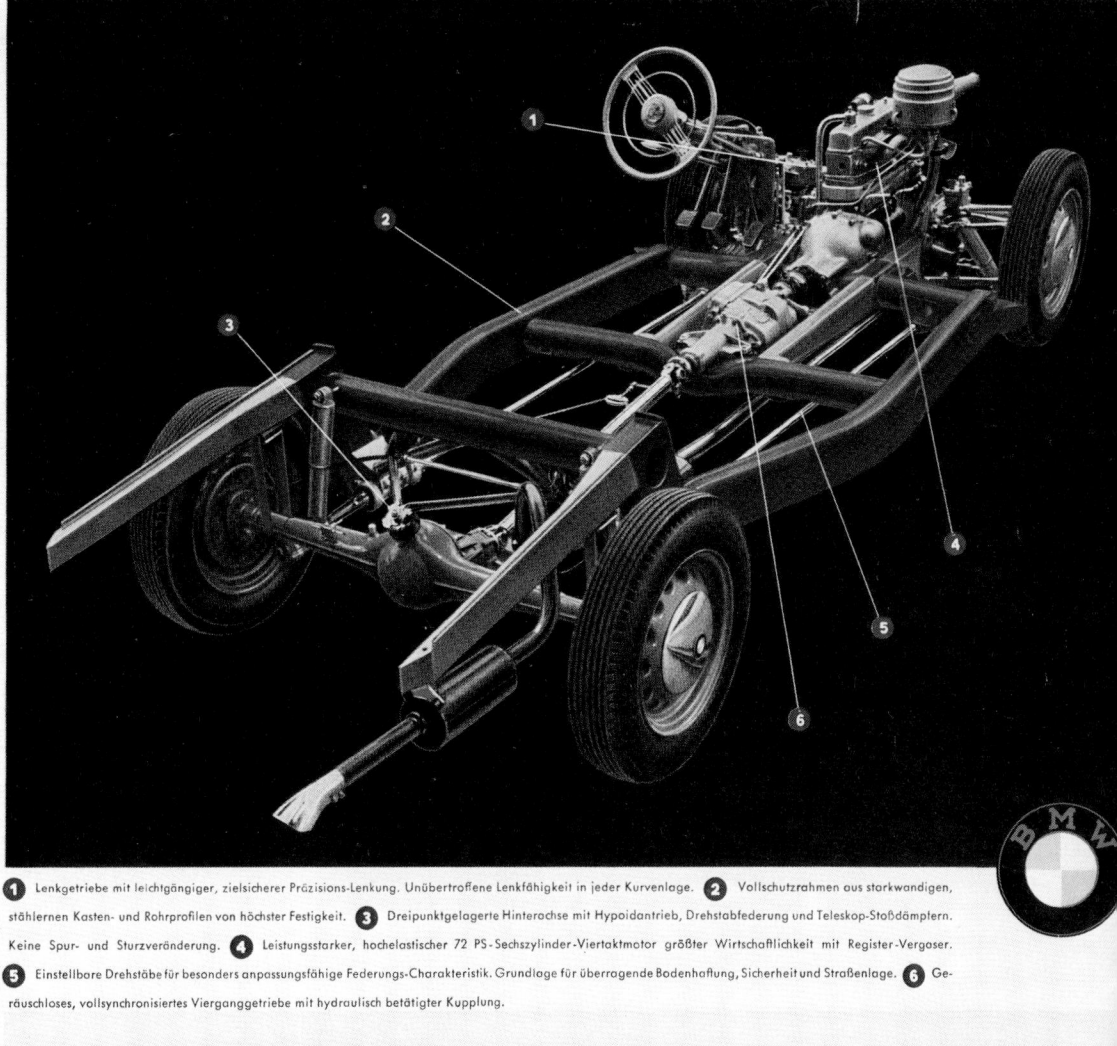

TECHNISCHE DATEN

Motor	BMW Sechszylinder-Viertakt-Reihenmotor
Leistung	72 PS bei 4400 U/min
Bohrung	66 mm
Hub	96 mm
Hubraum	1971 ccm
Verdichtungsverhältnis	6,8:1
Ventilanordnung	Hängend im Zylinderkopf
Ventilbetätigung	Stößel, Stoßstangen und Kipphebel
Kolben	Leichtmetall mit vier Kolbenringen
Vergaser	Doppel-Fallstrom-Register-Vergaser
Ölkühlung	Wärmeaustauscher im Kühlwasser des Zylinderblocks
Getriebe	Geräuschloses Viergang-Getriebe mit schrägverzahnten Rädern und Sperrsynchronisierung
Getriebeübersetzung	1. Gang 4,14:1 3. Gang 1,49:1 2. Gang 2,35:1 4. Gang 1:1 Rückwärtsgang 5,38:1
Schaltung	Lenksäulenschaltung
Hinterachsübersetzung	4,225:1
Rahmen	Vollschutz-Kastenrahmen mit starken Rohrquerträgern ist mit Aufbau verschweißt
Vorderachse	Einzelradaufhängung mit einstellbaren Drehstäben, Teleskop-stoßdämpfern, Radführung oben und unten durch Dreieckslenker
Hinterachse	Federung durch zwei einstellbare Drehstäbe und zwei Teleskop-stoßdämpfer
Reifen	5,5—16"
Lenkung	Kegelradgetriebe
Fußbremse	Hydraulische Vierrad-Fußbremse, vorn Duplex, hinten Simplex, mit selbsttätiger Nachstellung, Bremstrommel-⌀ 280 mm Gesamt-Bremsfläche 950 qcm
Handbremse	wirkt mechanisch auf Hinterräder
Kraftstoffbehälter	58 Liter Fassungsvermögen, davon 8 Liter Reserve
Gewicht (fahrfertig)	1285 kg
Zulässige Belastung	440 kg
Spurweite	Vorn 1322 mm, hinten 1408 mm
Größte Länge	4730 mm
Größte Breite	1780 mm
Größte Höhe	1530 mm
Radstand	2835 mm
Bodenfreiheit belastet	180 mm
Wendekreisdurchmesser	11 m
Höchstgeschwindigkeit	145 km/st
Geschwindigkeit in den einzelnen Gängen:	1. Gang 40 km/st 2. Gang 70 km/st 3. Gang 110 km/st 4. Gang 145 km/st
Steigfähigkeit max.:	4. Gang 8% 2. Gang 26% 3. Gang 15% 1. Gang über 35%
Kraftstoff-Normverbrauch	8,8 ltr/100 km ermittelt nach DIN 70030

Änderung von Konstruktion und Ausstattung vorbehalten.

❶ Lenkgetriebe mit leichtgängiger, zielsicherer Präzisions-Lenkung. Unübertroffene Lenkfähigkeit in jeder Kurvenlage. **❷** Vollschutzrahmen aus starkwandigen, stählernen Kasten- und Rohrprofilen von höchster Festigkeit. **❸** Dreipunktgelagerte Hinterachse mit Hypoidantrieb, Drehstabfederung und Teleskop-Stoßdämpfern. Keine Spur- und Sturzveränderung. **❹** Leistungsstarker, hochelastischer 72 PS-Sechszylinder-Viertaktmotor größter Wirtschaftlichkeit mit Register-Vergaser. **❺** Einstellbare Drehstäbe für besonders anpassungsfähige Federungs-Charakteristik. Grundlage für überragende Bodenhaftung, Sicherheit und Straßenlage. **❻** Geräuschloses, vollsynchronisiertes Vierganggetriebe mit hydraulisch betätigter Kupplung.

BAYERISCHE MOTOREN WERKE AG MÜNCHEN

Oben: Die schwere Karosserie ruhte auf einem stabilen „Vollschutzrahmen", was BMW als großen Sicherheitsfaktor herausstellte.

1954

Beim rund 1500 Mark billigeren Typ 501 B mußte man mit einfacheren Sitzbezügen und weniger Chromschmuck leben.

Hohe Leistung, größte Wirtschaftlichkeit, Komfort und vorbildliche Fahreigenschaften sind die besonderen Merkmale des formschönen BMW 501 B. Er vereint die Erfordernisse der Schnelligkeit mit jeder erdenklichen Bequemlichkeit. Der Vollschutzrahmen in voller Karosseriebreite bietet allen Wageninsassen höchste Sicherheit. Mit seiner vornehmen und zweckvollen Ausstattung wurde ein repräsentativer und gebrauchstüchtiger Reisewagen von Format geschaffen.

Motor	BMW Sechszylinder-Viertakt-Reihenmotor
Leistung	72 PS bei 4400 U/min
Bohrung	66 mm
Hub	96 mm
Hubraum	1971 ccm
Verdichtungsverhältnis	6,8:1
Ventilanordnung	Hängend im Zylinderkopf
Ventilbetätigung	Stößel, Stoßstangen und Kipphebel
Kolben	Leichtmetall mit vier Kolbenringen
Vergaser	Doppel-Fallstrom-Register-Vergaser
Ölkühlung	Wärmeaustauscher im Kühlwasser des Zylinderblocks
Getriebe	Geräuschloses Viergang-Getriebe mit schrägverzahnten Rädern und Sperrsynchronisierung
Getriebeübersetzung	1. Gang 4,14:1 2. Gang 2,35:1 3. Gang 1,49:1 4. Gang 1:1 Rückwärtsgang 5,38:1
Schaltung	Lenksäulenschaltung
Hinterachsübersetzung	4,225:1
Rahmen	Kastenrahmen mit starken Rohrquerträgern ist mit Aufbau verschweißt
Vorderachse	Einzelradaufhängung mit einstellbaren Drehstäben, Teleskopstoßdämpfern, Radführung oben und unten durch Dreieckslenker
Hinterachse	Federung durch zwei einstellbare Drehstäbe und zwei Teleskopstoßdämpfer
Reifen	5,5—16"
Lenkung	Kegelradgetriebe
Fußbremse	Hydraulische Vierrad-Fußbremse, vorn Duplex, hinten Simplex, mit selbsttätiger Nachstellung, Bremstrommel-⌀ 280 mm, Gesamt-Bremsfläche 950 qcm
Handbremse	wirkt mechanisch auf Hinterräder
Kraftstoffbehälter	58 Liter Fassungsvermögen, davon 8 Liter Reserve
Gewicht (fahrfertig)	1285 kg
Zulässige Belastung	440 kg
Spurweite	Vorn 1322 mm, hinten 1408 mm
Größte Länge	4730 mm
Größte Breite	1780 mm
Größte Höhe	1530 mm
Radstand	2835 mm
Bodenfreiheit belastet	180 mm
Wendekreisdurchmesser	11 m
Höchstgeschwindigkeit	145 km/h
Geschwindigkeit in den einzelnen Gängen	1. Gang 40 km/st 3. Gang 110 km/st 2. Gang 70 km/st 4. Gang 145 km/st
Steigfähigkeit max.:	4. Gang 8% 2. Gang 26% 3. Gang 15% 1. Gang über 35%
Kraftstoff-Normverbrauch	8,8 ltr/100 km ermittelt nach DIN 70030

Änderung von Konstruktion und Ausstattung vorbehalten.

Das griffig-handliche Zweispeichen-Lenkrad mit Mittelknopf für die Lichthupe und Signalring gewährt besten Durchblick auf die übersichtlich angeordneten Instrumente.

W 125 15 10.54

Komfortabel und geräumig wie kaum ein anderer Wagen seiner Klasse. Die schaumgummigepolsterten Sitze bieten 6 Personen bequem Platz.

Der überzeugend große Kofferraum mit seitlich stehendem Reserverad faßt umfangreiches Reisegepäck.

Oben: Technisch war die Sparversion 501 B mit dem A-Modell identisch. Der Innenraum war etwas karger, aber freundlich eingerichtet.

Rechts: Eine Höchstgeschwindigkeit von rund 165 km/h war auch noch Mitte der fünfziger Jahre ein sehr respektabler Wert für eine Limousine.

Deutschlands erster Serien-V8

1955

Als BMW den großen Reisewagen mit V8-Motor vorstellte, galt der Wagen schlichtweg als Sensation. Und die Münchner hatten den Stuttgartern an Exklusivität einiges voraus. Der Achtzylinder brachte es nie auf besonders große Stückzahlen; er war ein sorgfältig verarbeiteter Repräsentationswagen für hohe Ansprüche.

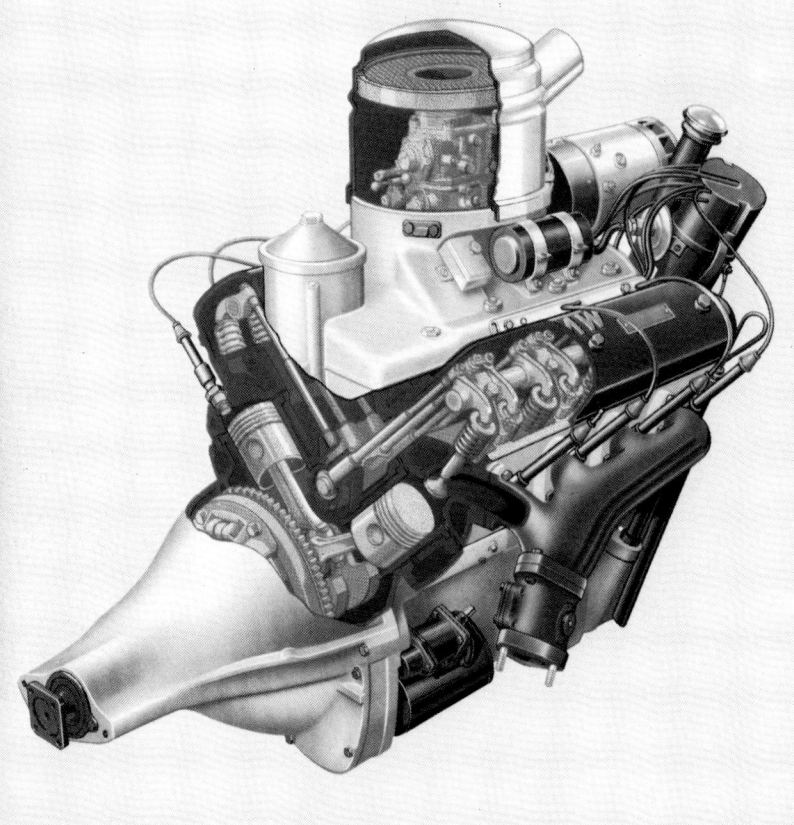

Ein technisches Meisterwerk ...

vollendet den BMW 502 und macht ihn zu einem Wagen von außergewöhnlicher Leistungsfähigkeit: der kraftvolle, übersichtliche und leicht zugängliche Achtzylinder-Motor von 100 PS Leistung verleiht ihm eine Spitzengeschwindigkeit von 165 km/st. Sein Gehäuse ist aus Leichtmetall. Vom Leerlauf bis zur Spitze kennt der Motor keine kritische Drehzahl. Weich und ungewöhnlich elastisch bedient er im direkten Gang alle Geschwindigkeitsbereiche zwischen 20 und 165 km/st. Der harmonische Rundlauf bis herab zur Leerlaufdrehzahl beweist eine vollkommen gleichmäßige Beschickung der Zylinder - ein kennzeichnender Vorzug dieses Motors. Der Doppelfallstromvergaser mit zweistufigem Saugrohr versorgt je vier Zylinder. Ein Wärmeaustauscher sichert beim Start schnelle Erwärmung und dient während der Fahrt zur Kühlung des Öles. Die richtige Betriebstemperatur wird sehr rasch erreicht mit Hilfe eines Kurzschluß-Thermostaten, der den Kühler bei kaltem Motor abschaltet und einen inneren Kreislauf öffnet. Die verschleißfeste hydraulisch betätigte Kupplung unterstützt die weiche, elastische Fahrweise ebenso, wie sie restlose Ausnutzung des ungewöhnlich temperamentvollen Motors in allen vier Gängen des vollsynchronisierten Getriebes gestattet.

Der Name BMW ist seit Jahrzehnten im In- und Ausland unzertrennlich verbunden mit der Gewißheit um außergewöhnliche Präzision, hochwertige Fertigung, überdurchschnittliche Leistung, bestechende Eleganz und fortschrittliche Konstruktion. Überragende Erfolge in sportlichen Wettbewerben lieferten stets den Beweis für die Zuverlässigkeit der BMW Wagen. Die Einmütigkeit, mit der die Preisrichter internationaler Schönheitskonkurrenzen BMW Wagen prämiierten, ist eine ebenso überzeugende Anerkennung ihrer Linienführung wie der begeisterte Beifall eines anspruchsvollen Publikums. Mit dem BMW 502 haben erfahrene Konstrukteure und meisterliche Karosseriebauer, unterstützt von einem bewährten Facharbeiterstamm, ein Fahrzeug geschaffen, das konstruktiv, leistungsmäßig und in seiner harmonischen Formgebung allgemein bewundert wird. Dem bewährten Fahrwerk bescheinigen führende Fachkritiker, daß es sich mit denen der besten Sportwagen der Welt messen kann. Der ästhetische Schnitt der Karosserie erfüllt aerodynamische Forderungen ebenso wie die Abmessungen und die Ausstattung das Verlangen anspruchsvoller Käufer nach Fahrkomfort und Bequemlichkeit. Diese Synthese zwischen sportlichen Fahreigenschaften und geräumiger Behaglichkeit internationaler Prägung erfährt eine glückliche Vollendung durch die Kraftquelle – den neuen kurzhubigen 2,6 l Achtzylindermotor in V-Form, der dem betont sportlichen Fahrstil des verwöhnten Herrenfahrers ebenso angepaßt ist, wie er allen Wünschen der selbstfahrenden Dame entspricht.

1955

Unten: Bei der Innenausstattung des Achtzylindermodells ging man mit besonderer Sorgfalt ans Werk. Die Passagiere genossen den Luxus der Wirtschaftswunderzeit.

Außergewöhnliche Geräumigkeit ...

ist ein wesentliches Merkmal des BMW 502. Sechs Personen haben auf den weichen schaumgummigepolsterten Sitzen bequem Platz. Die Rückenlehnen beider Vordersitze lassen sich jederzeit mühelos bis zu 40° neigen. Die Sitzraumbreite beträgt vorn wie hinten 1.40 m. Der Komfort der Innenausstattung entspricht hohen internationalen Ansprüchen, wobei Eleganz, Bequemlichkeit und Zweckmäßigkeit gleichermaßen Berücksichtigung fanden. Die wohldurchdachte Anordnung der weit ausschwingenden vier Türen erlaubt bequemen Ein- und Ausstieg. Eine Türbremse verhindert unerwünschtes Zufallen. Drei klappbare Armlehnen und zweckentsprechende Haltegriffe vervollständigen die gediegen-geschmackvolle Innenausstattung. Jede Einzelheit ist der Schnelligkeit und Fahrsicherheit angepaßt.

Weite Reisen ...

werden dank der Bequemlichkeit des BMW 502 erlebnisreicher als bisher, ob man gemütlich einem Ferienziel entgegenbummelt oder beruflich unterwegs ist und unter Zeitnot steht. In dem einen Fall genießt man aus der behaglichen Geräumigkeit der sitztechnisch vollendet gestalteten Polstersitze heraus die Schönheiten der Landschaft. Andererseits ermöglicht er Reisedurchschnitte, die bislang nur ausgesprochenen Sportfahrzeugen vorbehalten schienen und vielfach mit erheblichem Komfortverzicht erkauft werden mußten. Welcher Art die Reise sein mag – man steigt abends so frisch aus dem Wagen, wie man morgens eingestiegen ist. Dabei liegen – trotz dieser in ihrer Vollkommenheit erstmaligen Kombination zwischen dem Komfort internationaler Klassewagen und sportlicher Fahrmöglichkeit – die Kraftstoff-Verbrauchswerte erstaunlich niedrig.

1955 entstand dieser ausnahmsweise sehr farbenfrohe und teuere Katalog für das Achtzylindermodell 502.

1955

Wer am Steuer sitzt ...

will sich ganz mit dem Wagen verbunden fühlen. Der bequeme, sicheren Halt bietende Fahrersitz, ebenso wie die rechte Sitzbank und die Rückenlehnen sind auch während der Fahrt verstellbar. Ein Blick durch das formschöne, griffige Lenkrad vermittelt eine klare Übersicht über alle Instrumente des aus wertvollem Edelholz gefertigten Armaturenbrettes. Die leichtgängige Lenksäulenschaltung, das gleichzeitig zum Anlassen dienende diebstahlsichere Zündschloß, sowie der Blinkerhebel für die Fahrtrichtungsanzeige liegen in umittelbarem Griffbereich. Die praktische Lichthupe hilft den Verkehrslärm mindern und steigert die Fahrsicherheit beim Überholen. Die großflächige, gewölbte Windschutzscheibe und die besonders schlanken Karosseriesäule gewährleisten unbehinderte Sicht und erleichtern das Fahren ebenso wie das Parken auf engem Raum. D Bedienung der serienmäßigen Heizungs- und Belüftungsanlage, mit der sich das Wageninnere behaglic erwärmen, die Windschutzscheibe entfrosten oder aber kühle Frischluft zuführen läßt, erfolgt besonder bequem von beiden Vordersitzen aus. Das gleiche gilt für den auf Wunsch eingebauten empfangsstarken Aut super mit selbstwählender Einstellautomatik, automatisch versenkbarer Antenne und Vollklang-Lautspreche

Die Pflicht zur Repräsentation ...

ist eine nicht immer angenehme Begleiterscheinung gesellschaftlichen oder wirtschaftlichen Erfolges. Häufig ist sie Last und bereitet nur selten jenes Vergnügen, das andere in ihr sehen mögen. Mit dem BMW 502 zu repräsentieren, bildet jedoch eine Ausnahme. Jeder, der uns im BMW fahren sieht, wird unseren sicheren Blick für erlesene Formschönheit und gediegene Qualität bewundern. Und wer unser Fahrgast ist, wird anerkennen, daß ein Optimum an Fahrkomfort und Leistung nicht mit übersteigerten Anschaffungskosten verbunden sein muß. Mehr noch – er wird, während die Tachometernadel zwischen 160 und 170 pendelt, gern bestätigen, was die Kritik bereits sagte: Eine der bisher glücklichsten Synthesen der Automobilbaukunst diesseits und jenseits des Ozeans! Der BMW 502 ist ein Wagen, mit dem man sich in exklusiven Kreisen sehen lassen kann.

Links: Das Armaturenbrett war übersichtlich und aufgeräumt. Aber es entbehrte noch jeglicher Sicherheitsvorkehrungen.

Oben: In schwarzer Lackierung mit Weißwandreifen machte der 502 eine besonders repräsentative Figur; bemerkenswert auch die noch nach vorn öffnenden Fondtüren.

1955

Da der kräftige Kastenrahmen dem Fahrgestell auch ohne geschlossenen Aufbau die nötige Steifigkeit verleiht, können auf dem BMW 502 auch Sonderkarosserien aufgebaut und damit individuelle Wünsche erfüllt werden.

Vollschutz für sämtliche Insassen ...

so lautete eine Hauptforderung, die den Konstrukteuren gestellt wurde, als sie den Rahmen des BMW 502 schufen. BMW wählte einen Tiefbettrahmen, dessen starkwandige, stählerne Kasten- und Rohrprofile von außerordentlich hoher Festigkeit sind. Seine äußeren Kastenträger verlaufen in voller Karosseriebreite. Die hohen Beanspruchungen, denen diese Konstruktion in schwersten internationalen Langstrecken-Wettbewerben bei schonungsloser Härte unterworfen wurde, lieferten aufschlußreiche Prüfergebnisse. Was jenen Zerreißproben standhielt, bietet heute den Insassen ein Höchstmaß an Sicherheit und gewährt jeden nur erdenklichen Schutz. Mit diesem Vollschutzrahmen ist eine der wesentlichsten Voraussetzungen geschaffen, die erfüllt sein müssen, wenn auch im Bereich der hohen Spitzengeschwindigkeiten das Gefühl absoluter Sicherheit erhalten bleiben soll.

Hervorragende Fahreigenschaften ...

waren seit je ein besonderes Merkmal aller BMW Schöpfungen. Im BMW 502 wurde diese Charakteristik noch verstärkt. Wieder trat an die Stelle einer Vorderachse mit Querträger die Einzelaufhängung beider Vorderräder. Eine neuartige Kegelzahnradlenkung schafft vollendeten Kontakt mit der Fahrbahn und fördert dank ihrer Leichtgängigkeit zügiges Fahren, unabhängig von der Straßenbeschaffenheit. Vier Drehstäbe – eine der fortschrittlichsten Federungsarten überhaupt – liegen in der Wagenlängsachse und federn die Räder unabhängig von der Belastung wirkungsvoll ab. Der Federungsgrad bleibt stets der gleiche. Gemeinsam mit den Teleskop-Stoßdämpfern bilden die Drehstäbe die Grundlage für die ungewöhnlich gute Bodenhaftung. Die von der Fahrbahn verursachten Stöße werden „geschluckt", ohne sich auf die Karosserie zu übertragen und die Fahrsicherheit zu beeinträchtigen.

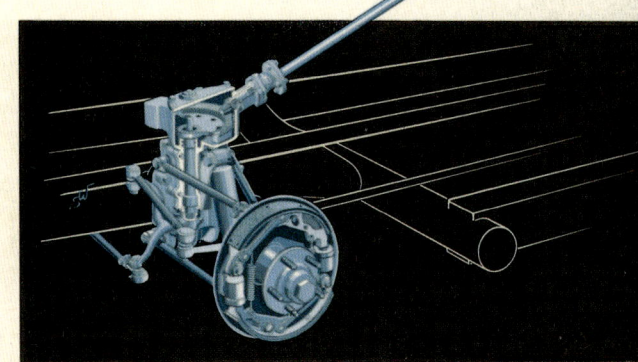

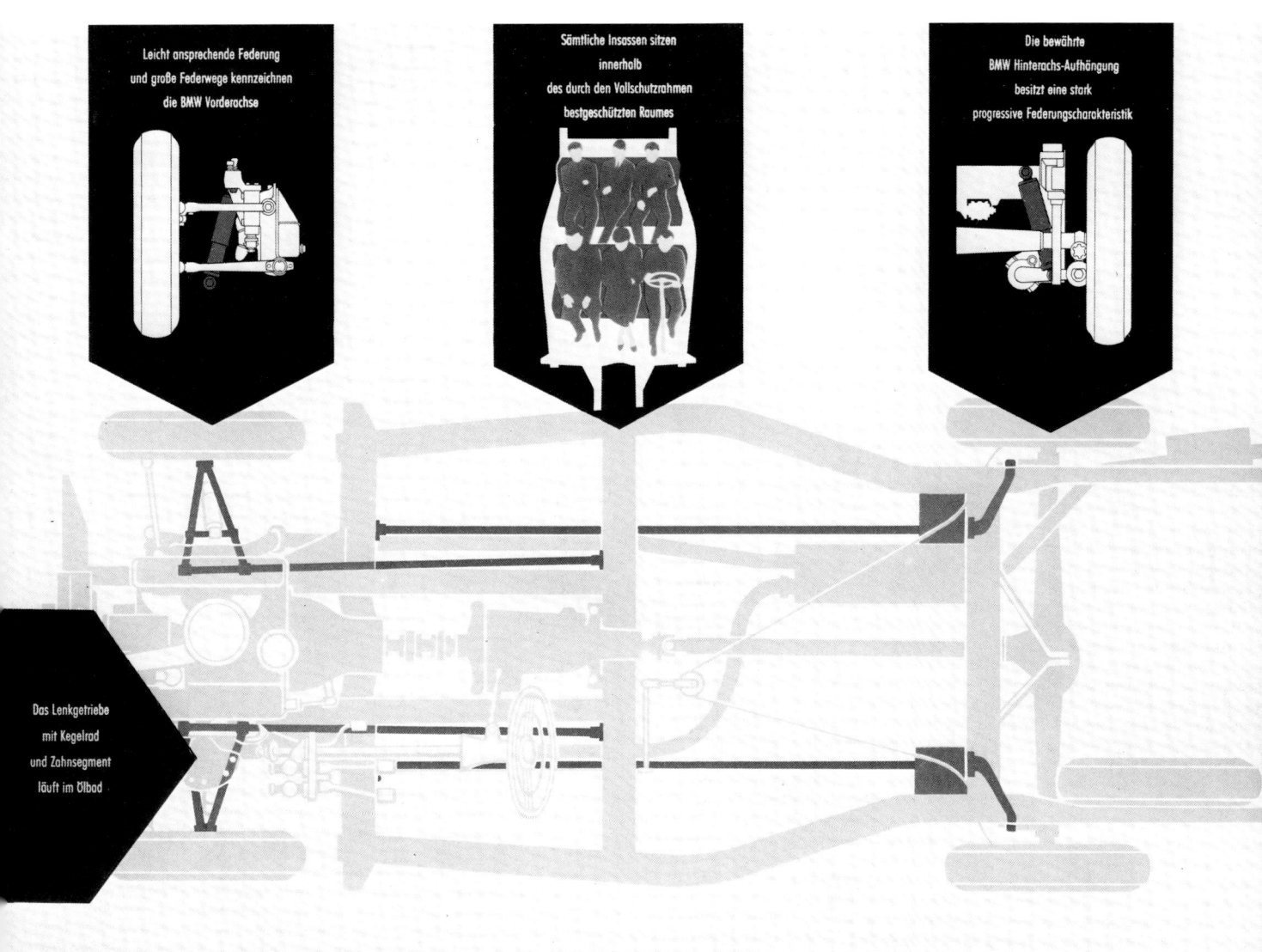

Leicht ansprechende Federung und große Federwege kennzeichnen die BMW Vorderachse

Sämtliche Insassen sitzen innerhalb des durch den Vollschutzrahmen bestgeschützten Raumes

Die bewährte BMW Hinterachs-Aufhängung besitzt eine stark progressive Federungscharakteristik

Das Lenkgetriebe mit Kegelrad und Zahnsegment läuft im Ölbad

Links: Alle Details des Wagens vermittelten den Eindruck großzügiger Robustheit. Der stabile Rahmen machte die Karosserie nahezu verwindungsfrei.

Oben: Die Federung der großen BMW war betont komfortabel ausgelegt, ohne zu weich zu sein.

1955

1955 mußte man für einen BMW Typ 502 stattliche 16 450 Mark bezahlen. Zwar mehr als 1000 Mark weniger als im ersten Produktionsjahr, aber für die meisten war das sehr viel Geld...

Das **BMW** *Spitzenfabrikat,*

der repräsentative Wagen von hohem internationalen Format

Mit dem BMW 502 Achtzylinder haben fortschrittliche BMW Konstrukteure, Karosseriebauer und ein langerprobter Facharbeiterstamm ein Fahrzeug von hohem Niveau und europäischer Formschönheit geschaffen. Wünsche, von Autokennern erträumt, wurden mit diesem Wagen zu überzeugender Wirklichkeit. Im BMW 502 V 8 bestätigen sich erneut Gründlichkeit und Sorgfalt der BMW Fertigung, die nicht zuletzt auch in der hohen Schule des BMW Flugmotorenbaues die Voraussetzung für ihre heutige Spitzenstellung im Automobilbau schufen. Die zahlreichen charakteristischen Konstruktionselemente, die der 502 V 8 aufweist und die sich in dieser Vielfalt und Vollendung sonst nur in Wagen höherer Preisklassen finden, beweisen die Gültigkeit des Satzes: »Hochwertigkeit und Sicherheit sind BMW Tradition«. Unter Verzicht auf alle durchschnittlichen Begrenzungen wurde der BMW 502 als Achtzylinder »nach Maß« für Automobil-Enthusiasten geschaffen.

Einige typische Konstruktions-Merkmale

- Die *BMW Kegelradlenkung* ergibt auch bei größten Federwegen keine Lenkfehler. Ihre spielfreie, exakte Übertragung gewährleistet einen unbedingt sicheren »Straßenkontakt«, sie wird niemals »schwammig«.
- Der verwindungssteife *BMW Vollschutz-Rahmen* hält die ausgeklügelte Lenkgeometrie bei jeder Geschwindigkeit und auf jeder Straßenoberfläche ein.
- Die in unzähligen Versuchen auf das Optimum abgestimmte *BMW Drehstabfederung* sorgt auch auf welliger Straße für die unerreichte »Spurtreue«.
- Die *BMW Radaufhängung* ist auf Nadeln gelagert. Die Federung spricht selbst bei kleinsten Bodenwellen ohne Zögern an.
- Die *BMW Hinterachse*, sorgfältig gegen den Rahmen abgestützt, kennt auch bei schärfster Kurvenfahrt kein »Ecken«.
- Die *Reifengröße* bewies eindeutig auf Grund wissenschaftlicher Untersuchungen und praktischer Erprobung in unzähligen erfolgreichen Wettbewerben ihre überlegenen Führungseigenschaften.
- Die *BMW Bremsanlage* stellt ihr Spiel im Betrieb selbsttätig nach und kann vom vorsichtigen »Tasten« auf vereister Straße bis zur Notbremsung feinfühlig dosiert werden.

Auch Sie werden es schätzen, sportlich zu fahren und weiteste Strecken mit hohen Reisedurchschnitten bei größter Fahrsicherheit zurückzulegen. Dieser Freude am Fahrerlebnis bietet der BMW 502 V 8 größten Spielraum.

Der *BMW 502 V 8* ist ein Wagen, der auf der Grundlage optimaler Sicherheit durch seine Leistungen verwöhnt und die Vorzüge vollendeten Fahrkomforts bietet.

Auch bei diesem Prospekt für den BMW V8 legte man die Betonung auf sachliche Information.

In Frankfurt wurde 1955 eine Ausführung des BMW V8 mit 3,2 Liter Hubraum vorgestellt.

HOCHWERTIGKEIT UND SICH

Um ein vollkommenes Urteil über die Sonderstellung des BMW 502 V 8 zu gewinnen, muß man ihn »erleben«. Hochelastisch über den gesamten Geschwindigkeitsbereich von 20 km/st. bis in die Spitze im direkten Gang, kennt dieser dezent-formvollendete Wagen dank seiner hervorragenden Fahreigenschaften weder im Straßenkontakt noch in der Kurvenfestigkeit Kompromisse. Kurven und Bodenwellen scheinen sich zu begradigen, Hügel und Berge einzuebnen. In unvergleichlicher Spurtreue »schluckt« er reaktionslos alle Unebenheiten der Fahrbahn, stets gewärtig, in jeder Bewegungsphase dem leisesten Hebeldruck feinfühlig zu folgen.

BMW 502 V8

2,6 Liter   *3,2 Liter*

Ideale Sicht durch die breite Panoramascheibe des Rückfensters

1955

RHEIT SIND BMW TRADITION

Der motorischen Dynamik und der unbedingten Verläßlichkeit entspricht der ästhetische Schnitt der strömungsgünstigen Karosserie sowie der Vollkommenheit des Fahrkomforts. Vom formschönen, übersichtlich gegliederten Armaturenbrett aus Edelholz bis zum breiten Panoramafenster, von der vollendeten Linienführung bis zur Behaglichkeit der gediegenen Innenausstattung bestätigt jede Einzelheit die geglückte Synthese von durchdachter Form und fortschrittlicher Technik. Der BMW 502 Achtzylinder ist ein Wagen für den anspruchsvollen Kenner.

1955

V8 BMW 502

Der große BMW erreichte mit dem aufgebohrten 3,2-Liter-Motor (120 PS) gut 170 km/h.

Rechts: Äußerlich unterschied sich der Wagen mit 3,2 Liter Hubraum nicht von den Schwestermodellen.

CAIRO
EGYPT
SHEPHEARD'S
HOTEL

GROSVENOR
HOUSE
London, W.

ROYAL DANIELI
VENEZIA

1955

C'est à la haute école de la construction des moteurs d'aviation BMW que la devise «qualité ét sécurité avant tout» est devenue un impératif

Protection totale de tous les occupants

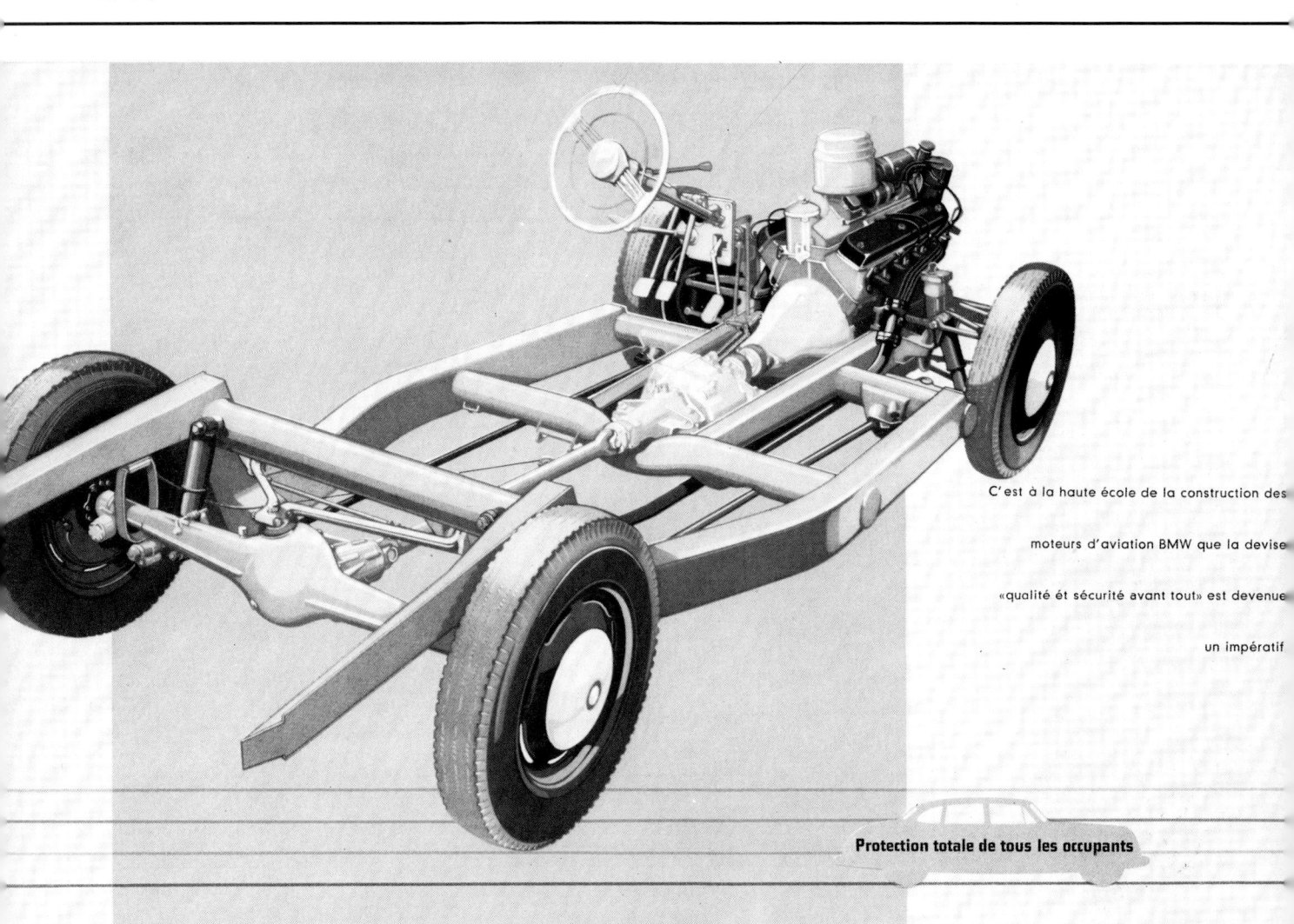

Le cadre BMW offrant une protection totale, dont les profiles tubulaires et type boite sont d'une rigidité extraordinaire.

Les membres latérales du cadre protègent tous les occupants de la voiture, dans toute la largeur du véhicule.

UN CABRIOLET

... sportif,

élégant

et rapide

Les amateurs de voitures décapotables apprécieront l'élégant cabriolet qui est venu s'ajouter à la série des berlines BMW. D'une conception très étudiée, la capote se manœuvre sans le moindre effort. D'une élégance racée, cette voiture qui est présentée dans une gamme de teintes jeunes et claires, se distingue par la combinaison heureuse de l'utile et de l'agréable qui a présidé à la conception de son aménagement intérieur.

Auf größere Exportzahlen hoffte man vergebens. Von den über 20 000 Mark teueren Cabriolets entstanden bis 1955 nicht einmal 300 Exemplare.

BMW 501

Sechszylinder · Achtzylinder

1956

Leider verkauften sich auch in Deutschland die großen BMW längst nicht so gut wie erwartet. Die Studiofotos dieses Prospekts geben den Zeitgeist der fünfziger Jahre wieder... Die Sechszylindermodelle hatten seit April 1955 2,1 Liter Hubraum bei gleicher Leistung.

Vertrauen in das eigene Urteil: diese Erkenntnis ist bestimmend für die Dame und den Herrn am Steuer, die sich für BMW entscheiden. Einen Wagen dieser Klasse zu fahren, ist der Stolz anspruchsvoller Autokenner. Das gilt vor allem für den BMW 501, der als Sechs- und Achtzylinder eine wesentliche Erfahrung unseres Autozeitalters bestätigt: Erst der vollendete Motor schuf das vollendete Auto. Seine Charakteristik und Dynamik ist mehr als eine motorische Leistung.

BMW 501
Sechszylinder-Achtzylinder

In der Hohen Schule des BMW Flugmotorenbaues erwarb sich die Bayerische Motoren Werke AG das reiche Erfahrungsgut, das seit Jahrzehnten die internationale Sonderstellung der zwei- und vierrädrigen BMW Fahrzeuge begründet. Ihre Fertigung stand stets unter dem im Flugmotorenbau besonders zwingenden Gebot: Hochwertigkeit und Sicherheit vor allem. Aus der Befolgung dieses verpflichtenden BMW Grundsatzes erwuchs die hohe Klasse des BMW 501 Sechs- und Achtzylinders.

Ebenfalls 1955 hatte man eine billigere Version mit der Bezeichnung 501 Achtzylinder präsentiert.

1956

BMW 501 Sechszylinder

Motor	BMW Sechszylinder-Viertakt Reihenmotor
Leistung	72 PS bei 4500 U/min (77 HP-SAE)
Bohrung	68 mm
Hub	96 mm
Hubraum	2077 ccm
Verdichtungsverhältnis	7 : 1
Ventilanordnung	Hängend im Zylinderkopf
Ventilbetätigung	durch Stößel, Stoßstangen und Kipphebel
Kolben	Leichtmetall mit vier Kolbenringen
Vergaser	Fallstrom-Register-Vergaser
Ölkühlung	Wärmeaustauscher im Kühlwasser des Zylinderblocks
Getriebe	Geräuschloses Viergang-Getriebe mit schräg verzahnten Rädern und Sperrsynchronisierung in allen Gängen
Getriebeübersetzung	1. Gang 3,78 : 1 2. Gang 2,35 : 1 3. Gang 1,49 : 1 4. Gang 1 : 1 Rückwärtsgang 5,38 : 1
Hinterachsübersetzung	4,551 : 1 bzw. 4,225 : 1
Kraftstoffbehälter	58 Liter Fassungsvermögen, davon 8 Liter Reserve
Gewicht (fahrfertig)	1295 kg
Höchstgeschwindigkeit	ca. 145 km/st
Geschwindigkeit in den einzelnen Gängen	1. Gang 40 km/st 2. Gang 70 km/st 3. Gang 110 km/st 4. Gang 145 km/st
Steigfähigkeit max.	4. Gang 9 % 3. Gang 16 % 2. Gang 28 % 1. Gang über 38 %
Kraftstoff-Normverbrauch	9,4 Liter/100 km

BMW 501 Achtzylinder

Motor	Achtzylinder-Viertakt-V-Motor, 90° Zylinder-Winkel mit nassen Zylinderbüchsen
Leistung	95 PS bei 4800 U/min (100 HP-SAE)
Maximales Drehmoment	18 mkg
Bohrung	74 mm
Hub	75 mm
Hubraum	2580 ccm
Verdichtungsverhältnis	7 : 1
Ventilanordnung	parallel hängend im Zylinderkopf
Ventilbetätigung	durch Stößel, Stoßstangen und Kipphebel mit Temperaturausgleich
Kolben	Leichtmetall-Vollschaftkolben
Vergaser	Doppelfallstromvergaser mit Starthilfsvergaser
Ölkühlung	Wärmeaustauscher im Kühlwasser des Zylinderblocks
Getriebe	Geräuschloses Viergang-Getriebe mit schrägverzahnten Rädern und Sperrsynchronisierung in allen Gängen
Getriebeübersetzung	1. Gang 3,78 : 1 2. Gang 2,35 : 1 3. Gang 1,49 : 1 4. Gang 1 : 1 Rückwärts-Gang 5,38 : 1
Schaltung	Lenksäulenschaltung
Hinterachsübersetzung	4,225 : 1
Kraftstoffbehälter	über der Hinterachse, 70 Liter Fassungsvermögen, davon 8 Liter Reserve
Gewicht (fahrfertig)	1365 kg
Höchstgeschwindigkeit	ca. 160 km/st
Geschwindigkeit in den einzelnen Gängen	1. Gang 45 km/st 2. Gang 75 km/st 3. Gang 115 km/st 4. Gang 160 km/st
Steigfähigkeit	4. Gang 12 % 3. Gang 18 % 2. Gang 29 % 1. Gang über 45 %
Kraftstoff-Normverbrauch	11,1 Liter / 100 km

Fahrgestell

BMW 501 Sechszylinder und Achtzylinder

Rahmen	Vollschutzkastenrahmen mit starken Rohrquerträgern ist mit Aufbau verschweißt
Vorderachse	Einzelradaufhängung mit einstellbaren Drehstäben, Teleskopstoßdämpfern, Radführung oben und unten durch Dreieckslenker
Hinterachse	Federung durch zwei einstellbare Drehstäbe und zwei Teleskopstoßdämpfer
Reifen	Sechszylinder: Achtzylinder: 6,40–15" 5,5–16" Extra S
Lenkung	Kegelradgetriebe
Fußbremse	Hydraulische Vierrad-Fußbremse, vorn Duplex, hinten Simplex, mit selbsttätiger Nachstellung. Bremstrommel-⌀ 284 mm, Gesamt-Bremsfläche 1050 qcm
Handbremse	wirkt mechanisch auf Hinterräder
Zulässige Belastung	6 Personen mit Gepäck
Spurweite	Sechszylinder: Vorn 1322 mm Achtzylinder: Vorn 1330 mm hinten 1408 mm hinten 1416 mm
Größte Länge	4730 mm
Größte Breite	1780 mm
Größte Höhe	1530 mm
Radstand	2835 mm
Bodenfreiheit belastet	ca. 180 mm
Wendekreisdurchmesser	ca. 11,8 m

Änderung von Konstruktion und Ausstattung vorbehalten.

1957

Sechszylinder 2,1 Liter

Motor	BMW Sechszylinder Viertakt Reihenmotor
Leistung	72 PS bei 4500 U/min (77 HP – SAE)
Bohrung	68 mm
Hub	96 mm
Hubraum	2077 ccm n. d. Steuerformel
Verdichtungsverhältnis	7 : 1
Ventilanordnung	hängend im Zylinderkopf
Ventilbetätigung	durch Stößel, Stoßstangen und Kipphebel
Kolben	Leichtmetall mit vier Kolbenringen
Vergaser	Fallstrom-Register-Vergaser
Ölkühlung	Wärmeaustauscher im Kühlwasser des Zylinderblocks
Getriebe	geräuschloses Viergang-Getriebe mit schrägverzahnten Rädern und Sperrsynchronisierung in allen Gängen
Getriebeübersetzung	1. Gang 3,78 : 1 2. Gang 2,35 : 1 3. Gang 1,49 : 1 4. Gang 1 : 1 Rückwärtsgang 5,39 : 1
Hinterachsübersetzung	4,551 : 1 bzw. 4,225 : 1
Kraftstoffbehälter	58 Liter Fassungsvermögen, davon 8 Liter Reserve
Gewicht (fahrfertig)	1295 kg
Höchstgeschwindigkeit	ca. 145 km/st
Geschwindigkeit in den einzelnen Gängen	1. Gang 40 km/st, 2. Gang 70 km/st, 3. Gang 110 km/st, 4. Gang 145 km/st
Steigfähigkeit max.	4. Gang 9%, 3. Gang 16%, 2. Gang 28%, 1. Gang über 38%
Kraftstoff-Verbrauch	11,9 Liter/100 km, nach DIN 70030

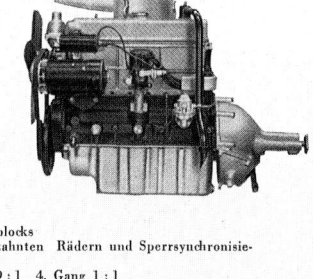

Achtzylinder 2,6 Liter

Motor	Achtzylinder Viertakt V-Motor, 90° Zylinder-Winkel mit nassen Zylinderbüchsen
Leistung	95 PS bei 4800 U/min (100 HP – SAE)
Maximales Drehmoment	17 mkg
Bohrung	74 mm
Hub	75 mm
Hubraum	2580 ccm tatsächlich; 2562 ccm n. d. Steuerformel
Verdichtungsverhältnis	7 : 1
Ventilanordnung	parallel hängend im Zylinderkopf
Ventilbetätigung	durch Stößel, Stoßstangen und Kipphebel mit Temperaturausgleich
Kolben	Leichtmetall-Vollschaftkolben
Vergaser	Doppelfallstromvergaser mit Starthilfsvergaser
Ölkühlung	Wärmeaustauscher im Kühlwasser des Zylinderblocks
Getriebe	geräuschloses Viergang-Getriebe mit schrägverzahnten Rädern und Sperrsynchronisierung in allen Gängen
Getriebeübersetzung	1. Gang 3,78 : 1 2. Gang 2,35 : 1 3. Gang 1,49 : 1 4. Gang 1 : 1 Rückwärtsgang 5,38 : 1
Schaltung	Lenksäulenschaltung
Hinterachsübersetzung	4,225 : 1
Kraftstoffbehälter	über der Hinterachse, 70 Liter Fassungsvermögen, davon 8 Liter Reserve
Gewicht (fahrfertig)	1365 kg
Höchstgeschwindigkeit	ca. 160 km/st
Geschwindigkeit in den einzelnen Gängen	1. Gang 45 km/st, 2. Gang 75 km/st, 3. Gang 115 km/st, 4. Gang 160 km/st
Steigfähigkeit	4. Gang 12% 3. Gang 18% 2. Gang 29% 1. Gang über 45%
Kraftstoff-Verbrauch	12,5 Liter/100 km, nach DIN 70030

Fahrgestell   BMW 501 Sechszylinder und Achtzylinder

Rahmen	Vollschutzkastenrahmen mit starken Rohrquerträgern, ist mit Aufbau verschweißt
Vorderachse	Einzelradaufhängung mit einstellbaren Drehstäben, Teleskopstoßdämpfern, Radführung oben und unten durch Dreieckslenker
Hinterachse	Federung durch zwei einstellbare Drehstäbe und zwei Teleskopstoßdämpfer
Reifen	Sechszylinder: Achtzylinder: 5,5–16" 6,40–15" Extra S
Lenkung	Kegelradgetriebe
Fußbremse	hydraulische Vierrad-Fußbremse, vorn Duplex, hinten Simplex, mit selbsttätiger Nachstellung, Bremstrommel ⌀ 284 mm Gesamt-Bremsfläche 1072 qcm
Handbremse	wirkt mechanisch auf die Hinterräder
Zulässige Belastung	6 Personen mit Gepäck
Spurweite	Sechszylinder: Achtzylinder: vorn 1322 mm vorn 1330 mm hinten 1408 mm hinten 1416 mm
Größte Länge	4730 mm
Größte Breite	1780 mm
Größte Höhe	1530 mm
Radstand	2835 mm
Bodenfreiheit belastet	ca. 180 mm
Wendekreisdurchmesser	ca. 11 m ⌀

Änderung von Konstruktion und Ausstattung vorbehalten. W 58   20 9.57
Printed in Germany

Sechszylinder
BMW 501
Achtzylinder

1957 konnte BMW von den großen Sechs- und Achtzylindermodellen 501 und 502 nur noch rund 1500 Stück verkaufen. Diese Wagen hatten sich immer mehr zu einem Verlustgeschäft entwickelt ...

1957

Ein imposanter Wagen braucht wenig Worte...

BMW 502
Achtzylinder

48

Aus der Reihe der großen BMW *Achtzylinder*

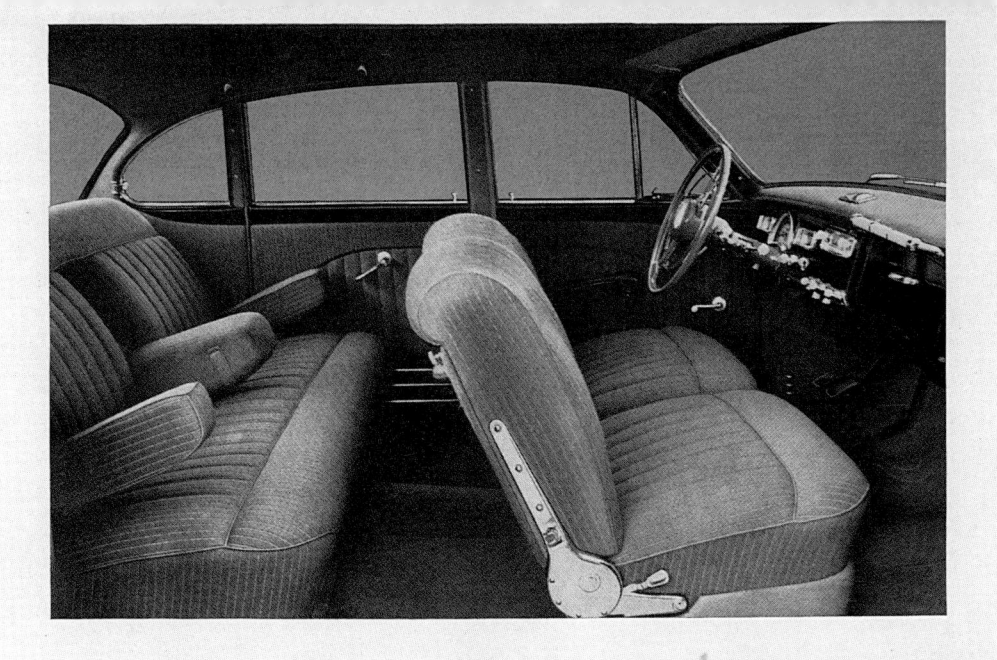

1959

Besonders gemütlich war es im Fond mit drei Armstützen. Der Kofferraum genügte aber nur mittleren Ansprüchen.

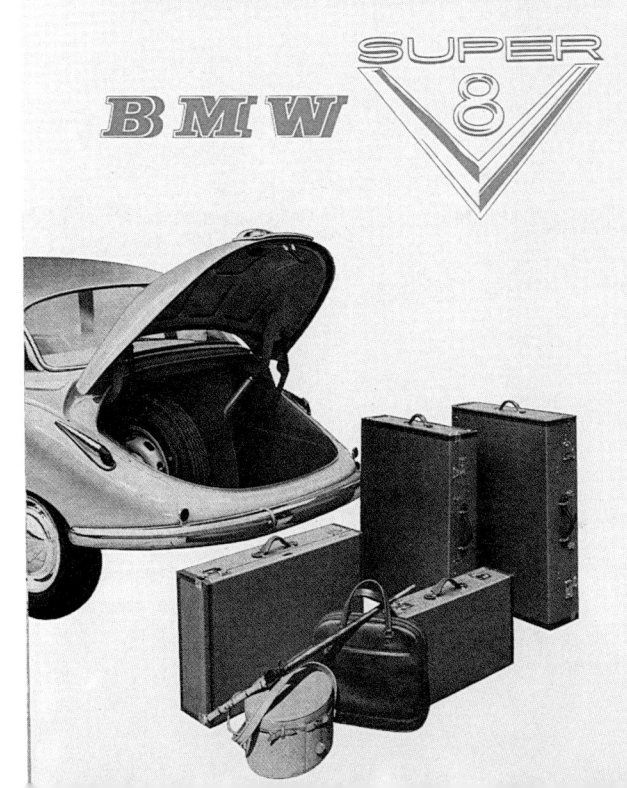

BMW SUPER V8

Der eleganten, wertvollen, niemals aufdringlichen äußeren Erscheinung des BMW 3,2 entspricht der Innenraum. Das geschmackvolle Armaturenbrett mit runden Anzeigegeräten und eingebauter elektrischer Zeituhr ist in Edelholz ausgeführt und mit feinem Leder gepolstert. Die hochwertigen Instrumente liegen im Blickfeld des Fahrers. Die Bedienungshebel sind ausschließlich so angebracht, wie es die Sicherheit erfordert. Die schaumgummigepolsterten Sitze — der Fahrersitz ist mit Rücksicht auf Fahrgefühl und -konzentration etwas härter gepolstert — bieten neben großer Bequemlichkeit schmiegsam festen Halt, die Voraussetzung für ermüdungsfreies Fahren.

Drei klappbare Armlehnen verwandeln die Hintersitze in ideale Ruhesessel. Die Lehnen der Vordersitze sind mit einem Griff, auch während der Fahrt, in die bequemste Stellung zu bringen. Die leicht regulierbare Heizungs- und Belüftungsanlage vermittelt zu jeder Jahreszeit die richtige Innentemperatur.

Der beleuchtete, sehr tiefe Kofferraum hat ein großes Fassungsvermögen. Fünf große Koffer und kleines Reisegepäck sind mühelos unterzubringen.

Aus der Reihe der großen BMW *Achtzylinder*

1958 war der Bau der Sechszylindermodelle offiziell eingestellt worden. Die Verkäufe der V8-Wagen erreichten 1959 mit 1698 Einheiten einen letzten bescheidenen Höhepunkt.

Unter verschiedenen Typenbezeichnungen und mit bis zu 140 PS leistungsgesteigerten Motoren wurden die inzwischen deutlich veralteten Achtzylinder-Limousinen noch bis 1964 weitergebaut. Insgesamt entstanden nur knapp über 13 000 dieser heute allerdings vielbegehrten Automobile mit V8-Motoren.

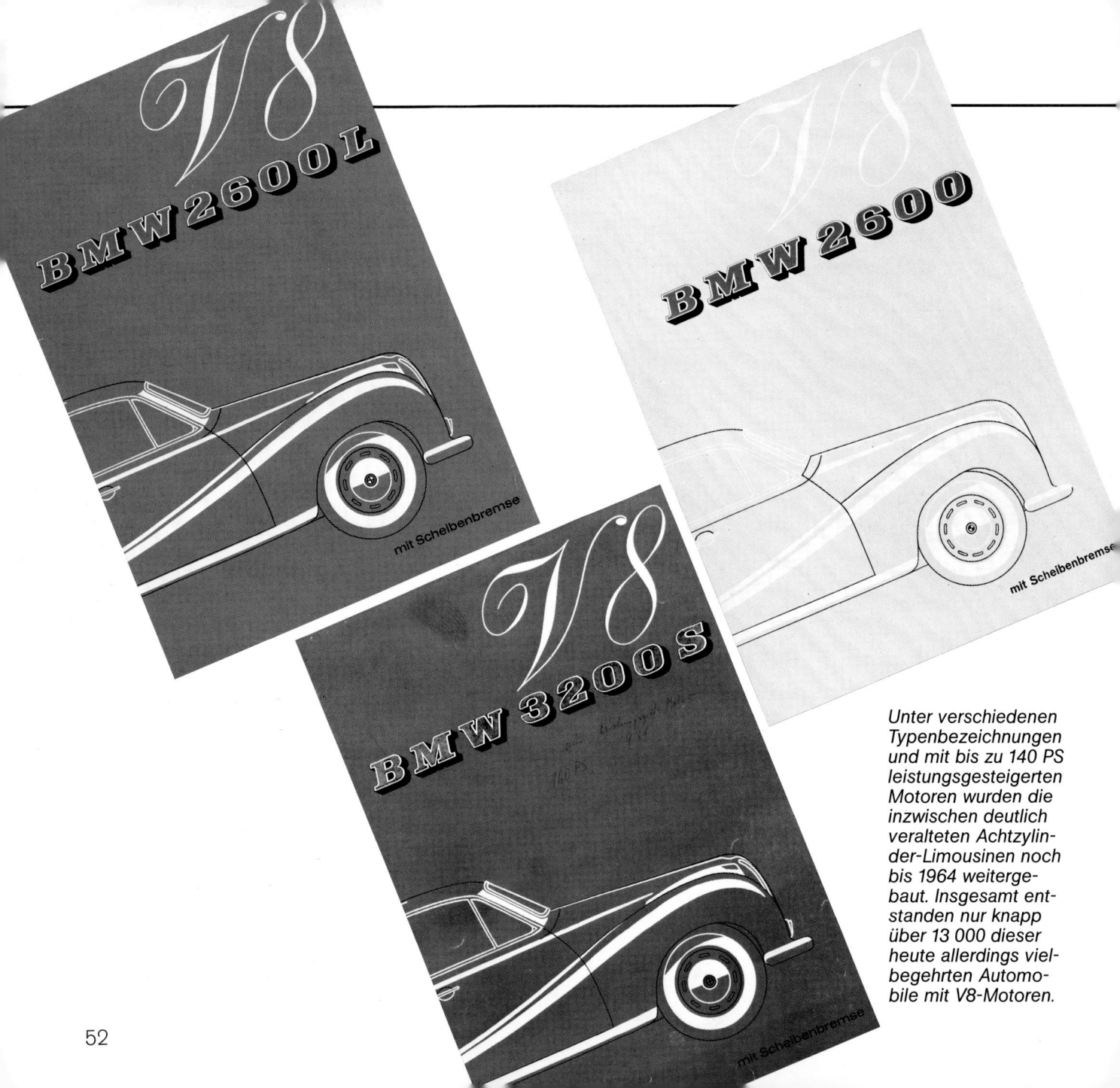

1961/62

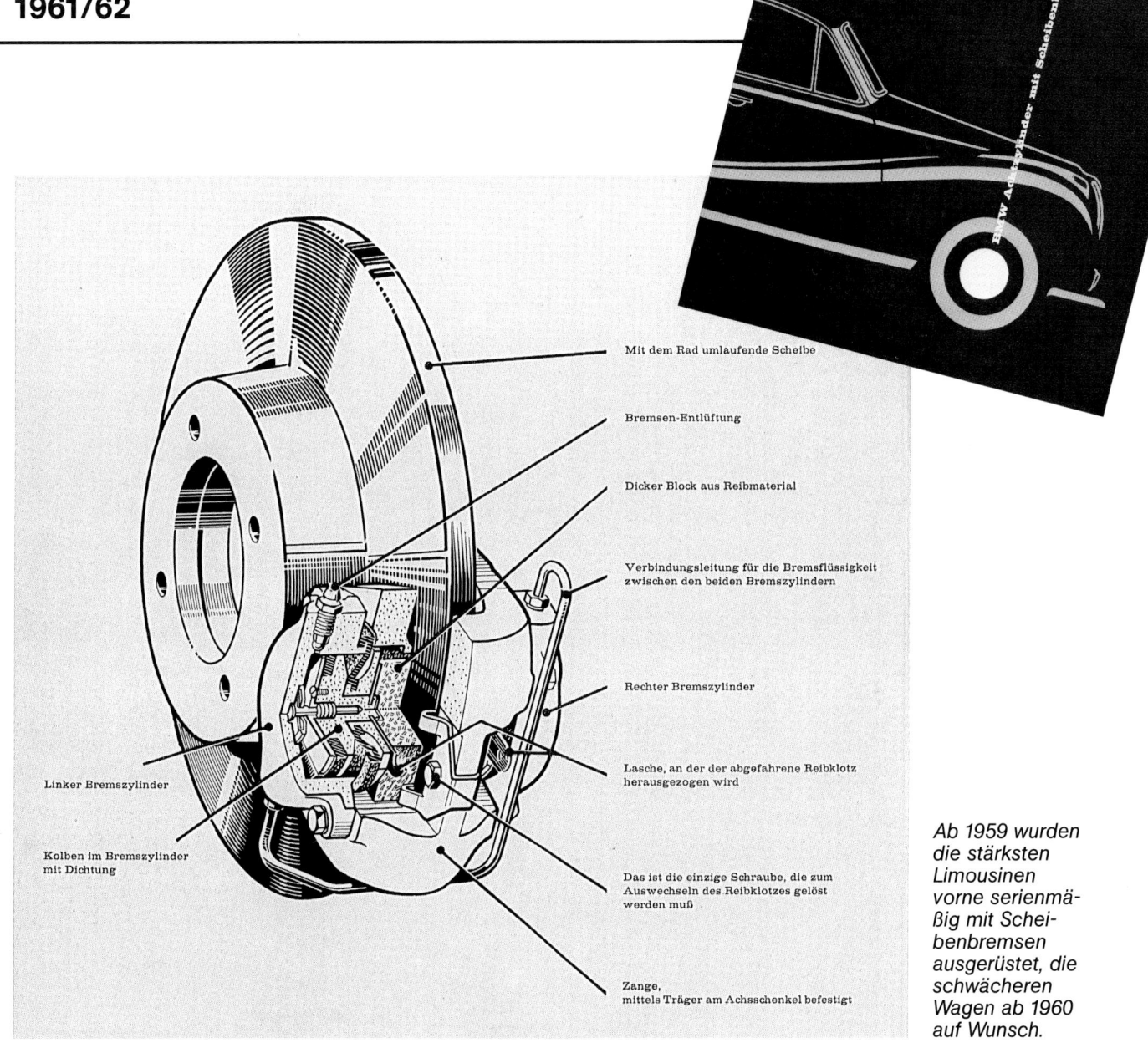

Mit dem Rad umlaufende Scheibe

Bremsen-Entlüftung

Dicker Block aus Reibmaterial

Verbindungsleitung für die Bremsflüssigkeit zwischen den beiden Bremszylindern

Rechter Bremszylinder

Lasche, an der der abgefahrene Reibklotz herausgezogen wird

Linker Bremszylinder

Kolben im Bremszylinder mit Dichtung

Das ist die einzige Schraube, die zum Auswechseln des Reibklotzes gelöst werden muß

Zange, mittels Träger am Achsschenkel befestigt

BMW Achszylinder mit Scheibenbremse

Ab 1959 wurden die stärksten Limousinen vorne serienmäßig mit Scheibenbremsen ausgerüstet, die schwächeren Wagen ab 1960 auf Wunsch.

53

Cabriolets und Coupés

War der große BMW als viertürige Limousine schon eine Rarität, so übertrafen ihn in dieser Beziehung noch die wenigen bei Baur oder Autenrieth angefertigten Coupés und Cabriolets.

Cabriolets und Coupés der 501- bzw. 502-Typen wurden in geringen Stückzahlen auf Wunsch bei den Karosseriefirmen Baur und Autenrieth in Handarbeit gefertigt.

Cabriolet 501

72 PS (77 HP-SAE) · 2,1 Liter · 6 Zylinder · 2-türig, offen · Höchstgeschwindigkeit 145 km/Std.
2/2-sitzig oder 2/4-5-sitzig   Preis DM **17.950.—**
einschließlich Heizungs- und Belüftungsanlage mit Gebläse

Nur sehr wenige Autokäufer konnten sich im Jahre 1955 ein zweitüriges Baur-Cabriolet für 20 950 Mark Grundpreis leisten.

Cabriolet 502

100 PS (105 HP-SAE) · 2,6 Liter · 8 Zylinder · 2-türig, offen · Höchstgeschwindigkeit 165 km/Std.
2/2-sitzig oder 2/4-5-sitzig   Preis DM **20.950.—**
einschließlich Heizungs- und Belüftungsanlage mit Gebläse

Am seltensten sind die recht dynamisch geratenen Coupés auf 501-/502-Basis. Bis heute überlebende Exemplare lassen sich an einer Hand abzählen.

Coupé 501

72 PS (77 HP-SAE) · 2,1 Liter · 6 Zylinder · 2-türig · 2/2-sitzig · Höchstgeschwindigkeit 145 km/Std.
Preis DM **17.850.—**
einschließlich Heizungs- und Belüftungsanlage mit Gebläse

Innenansicht

Links: Man konnte diese Sonderanfertigung mit echten Lederpolstern ausstatten lassen, die zu den klassisch schönen Wagen hervorragend paßten.

Auf besonderen Wunsch wird das Coupé mit Lederpolsterung geliefert. Normalausführung ist Stoffpolsterung.

Rechts: Diese Raritäten wie auch das 502-Coupé wurden nur zwischen 1954 und 1955 gefertigt. Um diese Wagen mit Gewinn verkaufen zu können, hätte man den Preis in unakzeptable Höhen steigen lassen müssen.

100 PS (105 HP-SAE) · 2,6 Liter · 8 Zylinder · 2/2-sitzig, 2-türig · Höchstgeschwindigkeit 165 km/Std.
Preis DM **20.850.—**
einschließlich Heizungs- und Belüftungsanlage mit Gebläse

Innenansicht

Kofferraum

Sportwagen 502

wahlweise Cabriolet oder aufsetzbares Coupé   V 8 Motor

Dieser zweisitzige Sportwagen auf 2,6-Liter-Fahrgestell entstand in einem einzigen Exemplar nach einem Entwurf von Ernst Loof.

Ein Coupé von Rasse: BMW 503

Der BMW 503 trug eine ins Moderne übersetzte Karosserie des klassischen V8-BMW, gezeichnet von Graf Goertz. Die typische BMW-Kühlerpartie war beibehalten worden, doch die barocke Silhouette wies dieser Tourenwagen im Gegensatz zur Limousine nicht auf. Offen wie geschlossen sah der 503 gediegen aus, nicht ganz so aggressiv wie der 507. Er war der Wagen der Dame und stach an Eleganz den 190 SL allemal aus ...

Als Coupé und Cabriolet wurde auf der Automobilausstellung in Frankfurt 1955 der neue Typ 503 mit Achtzylindermotor vorgestellt.

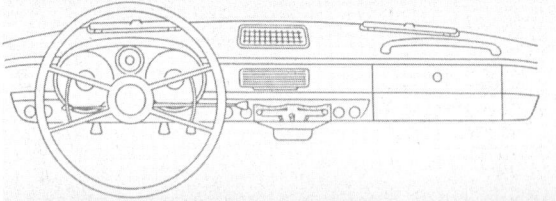

...s der Reihe der großen BMW Achtzylinder

1959

Der 503 war ein sehr eleganter, schneller Reisewagen mit erstklassiger Ausstattung. Er bot viel Platz für zwei Personen (weniger für drei) und umfangreiches Reisegepäck.

Als überzeugendes Beispiel der Übereinstimmung von Leistung, Formschönheit und Fahrkomfort nimmt der auf internationalen Schönheitskonkurrenzen immer wieder preisgekrönte BMW 503 eine Sonderstellung ein. An diesem vollendeten Automobil ist alles zur Selbstverständlichkeit geworden, was einer sportlich schnellen Fahrweise, der Sicherheit und dem Wohlbefinden von Fahrer und Fahrgast dient. Die Kraft seiner motorischen Leistung ist ebenso außergewöhnlich wie seine einmalige Straßenlage. Überaus leichtgängige, präzise Lenkung, hydraulisch betätigte Kupplung, serienmäßiger Bremskraftverstärker, der feinfühliges, müheloses Bremsen aus jeder Geschwindigkeit erlaubt und die automatische Betätigung von Verdeck und Fenstern durch Elektro-Hydraulik vermitteln ein ungekanntes Fahrerlebnis, wie es nur dieser elegante, außergewöhnliche Wagen erschließen kann.

BMW 503

Der Innenraum des BMW 503 ist auf sportliche und b[e]queme Fahrweise abgestimmt. Die anatomisch einwan[d]frei geformten Ledersitze, deren Lehnen man auch wä[h]rend der Fahrt mit einem Griff verstellen kann, si[nd] weich ohne jedoch den Kontakt zu Fahrzeug und Stra[ße] aufzuheben. Die Instrumente liegen in dem formschön[en] Armaturenbrett besonders übersichtlich. Alle Bedi[e]nungshebel sind griffgerecht angeordnet. Der geräumi[ge] Handschuhkasten wird beim Öffnen automatisch b[e]leuchtet. Um Tür- und Fondscheiben beim Coupe, Ve[r]deck und Türscheiben beim Cabriolet elektrohydraulis[ch] zu betätigen, genügt ein leichter Druck auf die b[e]treffende Taste. Die Kippschalter befinden sich an d[en] beiden Türwänden, die mit geräumigen Fächern au[s]gestattet, ganz in Leder gearbeitet sind. Die Kli[ma]anlage läßt sich bis auf feinste Nuancen regulieren. [Je] nach Witterung kann Heiz- oder Frischluft, oder au[ch] beides eingelassen werden.
Im Kofferraum, besonders geräumig durch das un[ter] der Gepäckladefläche versenkt liegende Reserver[ad] kann das Gepäck auch für die große Reise bequ[em] untergebracht werden.

BMW 503

begeisternd in Leistung und Linie, Sieger internationaler Schönheitswettbewerbe

Cabriolet oder Coupé 2/2 sitzig
Mit 3,2 l V-Achtzylinder-Motor
140 PS

Der Motor dieses zwischen 1956 und 1959 gebauten, klassisch schönen Wagens leistete 140 PS und machte den 503 über 190 km/h schnell.

Rechts: Mitte der fünfziger Jahre reichte das BMW-Programm vom winzigen Kleinwagen Isetta bis zum 150 PS starken Sportwagen 507.

1959

Wer damals solch einen herrlichen Wagen besitzen wollte, mußte zwischen 29 500 und 32 950 Mark bezahlen. Aber die Wagen boten den besten Gegenwert fürs Geld.

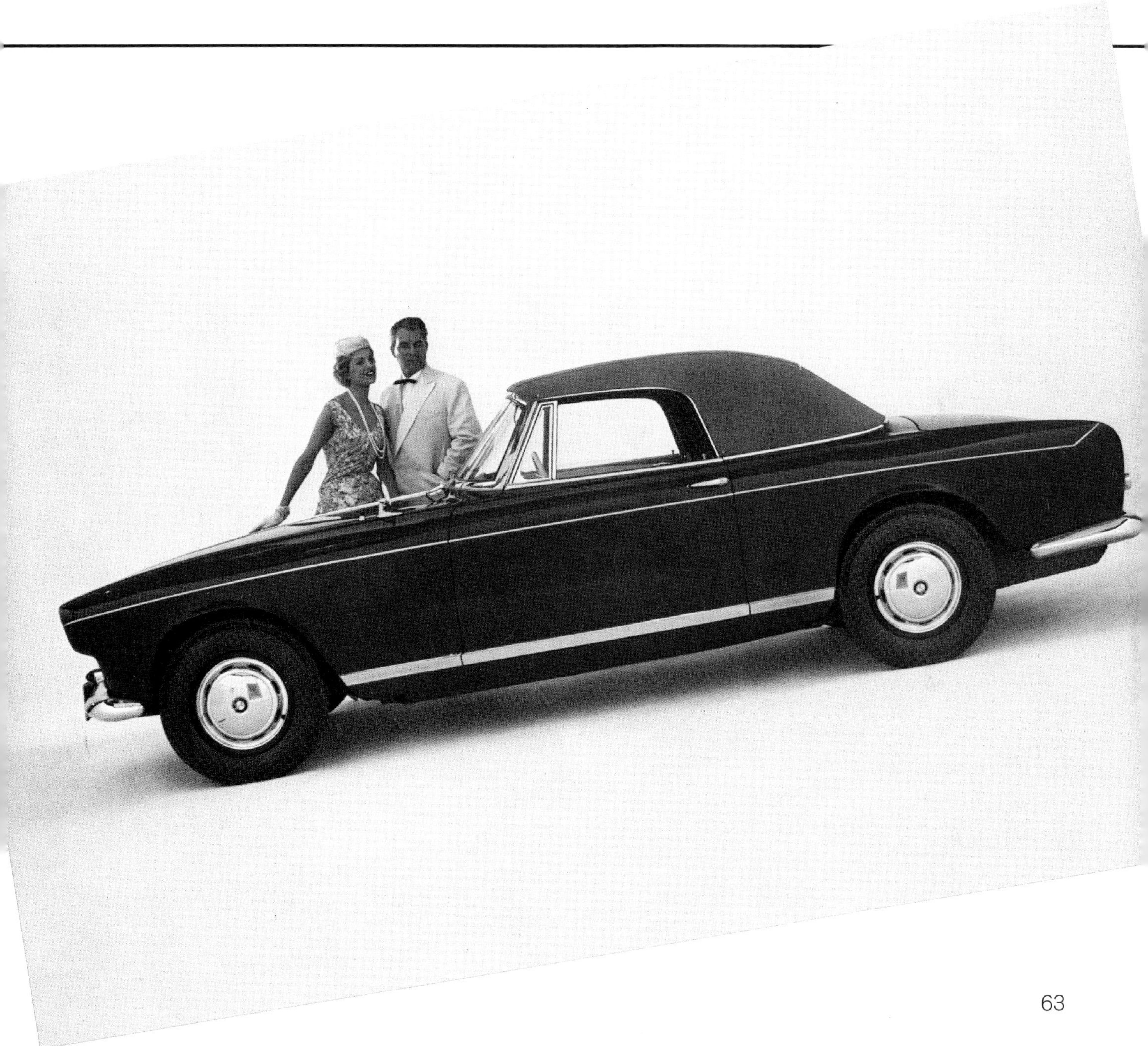

Rechts: Zusammen mit dem 503 war in Frankfurt auch der von Graf Goertz hinreißend gezeichnete zweisitzige Sportwagen Typ 507 vorgestellt worden.

Rarität seit Anbeginn: BMW 507   1959

Ebenso selten wie der exklusive BMW 507 – einer der wenigen Münchner Wagen ohne die typische „Niere" am Bug – sind heute die anspruchsvollen Werbemittel, die den Roadster beschreiben und abbilden. Einen 507 als Testwagen zu bekommen war seinerzeit auch nicht allen Journalisten vergönnt gewesen.

Diese Dame namens Eckstein war eines der bekanntesten Fotomodelle der fünfziger Jahre. Hier posiert die Lady neben dem Volant eines 507.

1959

Der Motor des 507 leistete noch 10 PS mehr als der des 503 und machte den Wagen je nach Achsübersetzung bis zu 220 km/h schnell.

BMW 502 — LIMOUSINE 3,2 UND 2,6 LITER

Motorart	Achtzylinder Viertakt V-Motor, 90° Zylinder-Winkel mit nassen Zylinderbüchsen
Motorleistung	120 PS bei 4800 U/min (100 PS)
Maximales Drehmoment	22,3 mkg (18,4)
Bohrung	82 mm (74 mm)
Hub	75 mm (75 mm)
Hubraum	3168 ccm (2580 ccm)
Verdichtungsverhältnis	7,2 : 1 (7,0 : 1)
Ventilbetätigung	parallel hängend im Zylinderkopf durch Stößel, Stoßstangen und Kipphebel
Kolben	Leichtmetall-Vollschaftkolben
Vergaser	Doppelfallstrom-Vergaser mit Starthilfs-Vergaser
Ölkühlung	Wärmeaustauscher im Kühlwasser des Zylinderblocks
Getriebe	Geräuschloses Viergang-Getriebe mit schräg verzahnten Rädern und Sperrsynchronisierung in allen Gängen
Getriebeübersetzung	1. Gang 3,78 : 1 2. Gang 2,35 : 1 3. Gang 1,49 : 1 4. Gang 1 : 1 Rückwärtsgang 5,38 : 1
Schaltung	Lenksäulenschaltung
Hinterachsübersetzung	3,89 : 1 (4,225 : 1)
Rahmen	Vollschutz-Kastenrahmen mit starken Rohrquerträgern ist mit Aufbau verschweißt
Vorderachse	Einzelradaufhängung mit Radführung oben und unten durch Dreieckslenker, in Gummi gelagert, mit zwei einstellbaren Drehstäben, zwei Teleskop-Stoßdämpfer
Hinterachse	mit Hypoidantrieb, Federung durch zwei einstellbare Drehstäbe und zwei Teleskop-Stoßdämpfern
Bereifung	6,40—15" extra S
Felge	4,50 K × 15
Lenkung	Spielfreies Kegelradgetriebe
Fußbremse	Hydraulische Vierrad-Bremse, vorn Duplex, hinten Simplex, mit selbsttätiger Bremsbackennachstellung
Handbremse	wirkt mechanisch auf Hinterräder
Bremstrommel	284 mm ⌀, Grauguß stark verrippt Gesamt-Bremsfläche 1300 cm (1050 qcm)
Kraftstoffbehälter	über der Hinterachse, 70 Liter Fassungsvermögen, davon 8 Liter Reserve
Gewicht fahrfertig	1460 kg (1410 kg)
Zulässige Belastung	6 Personen + Gepäck
Spurweite	vorn ca. 1330 mm, hinten 1416 mm
Radstand	2835 mm
Größte Länge	4730 mm
Größte Breite	1780 mm
Größte Höhe	1530 mm unbelastet
Bodenfreiheit	ca. 170 mm belastet
Wendekreis	ca. 12 m ⌀
Höchstgeschwindigkeit	170 km/st (165 km/st)
Geschwindigkeit in den einzelnen Gängen	1. Gang 50 km/st (45 km/st), 2. Gang 80 km/st (75 km/st), 3. Gang 120 km/st (115 km/st), 4. Gang 170 km/st (165 km/st)
Steigfähigkeit	1. Gang 14% (12%), 2. Gang 21% (18%), 2. Gang 33% (29%), 1. Gang über 55% (über 45%)
Kraftstoffnormverbrauch	11,6 Liter/100 km (11,1 Liter)

Die eingeklammerte Zahl bezieht sich jeweils auf den 2,6 l Motor

Änderungen der Konstruktion und Ausstattung vorbehalten

BMW 503 — CABRIOLET UND COUPÉ 3,2 LITER

Motorart	Achtzylinder Viertakt V-Motor, 90° Zylinder-Winkel mit nassen Zylinderbüchsen
Motorleistung	140 PS bei 4800 U/min.
Maximales Drehmoment	22,6 mkg
Bohrung	82 mm
Hub	75 mm
Hubraum	3168 ccm
Verdichtungsverhältnis	7,3 : 1
Ventilbetätigung	parallel hängend im Zylinderkopf durch Stößel, Stoßstangen und Kipphebel mit Temperaturausgleich
Kolben	Leichtmetall-Vollschaftkolben
Vergaser	2 Doppelfallstromvergaser mit Starthilfsvergaser
Ölkühlung	Wärmeaustauscher im Kühlwasser des Zylinderblocks
Getriebe	Geräuscharmes Viergang-Getriebe unter den Vordersitzen, mit schräg verzahnten Rädern und Sperrsynchronisierung in allen Gängen
Getriebeübersetzung	1. Gang 3,78 : 1 2. Gang 2,35 : 1 3. Gang 1,49 : 1 4. Gang 1 : 1 Rückwärtsgang 5,38 : 1
Schaltung	Lenksäulenschaltung
Hinterachsübersetzung	3,9 : 1
Rahmen	Vollschutz-Kastenrahmen mit starken Rohrquerträgern mit Aufbau verschweißt
Vorderachse	Einzelradaufhängung mit Radführung oben und unten durch Dreieckslenker, in Gummi gelagert, zwei einstellbare Drehstäbe, zwei Teleskop-Stoßdämpfer
Hinterachse	Banjo-Achse mit Hypoidantrieb, Federung durch zwei einstellbare Drehstäbe und zwei Teleskop-Stoßdämpfer
Bereifung	6,00—16" extra Super Record
Lenkung	Spielfreies Kegelradgetriebe
Fußbremse	Hydraulische Vierrad-Bremse, vorn Duplex, mit Alfin-Trommeln, hinten Simplex, mit selbsttätiger Bremsbackennachstellung und ATE Bremsverstärker Gesamt-Bremsfläche 1300 qcm
Handbremse	wirkt mechanisch auf Hinterräder
Bremstrommel	284 mm ⌀, stark verrippt
Kraftstoffbehälter	hinter der Hinterachse, ca. 75 Liter Fassungsvermögen, davon 8 Liter Reserve
Gewicht fahrfertig	1475 kg
Zulässige Belastung	4 Personen + Gepäck
Spurweite	vorn ca. 1400 mm, hinten 1420 mm
Radstand	2835 mm
Größte Länge	4750 mm
Größte Breite	1710 mm
Größte Höhe (besetzt)	1400 mm
Wendekreis	ca. 11 m ⌀
Höchstgeschwindigkeit	190 km/st
Geschwindigkeit in den einzelnen Gängen bei Serien-Hinterachsübersetzung	1. Gang 45 km/st, 2. Gang 80 km/st, 3. Gang 125 km/st
Steigfähigkeit bei Serien-Hinterachsübers.	4. Gang 14% 3. Gang 21% 2. Gang 33% 1. Gang über 55%
Kraftstoffnormverbrauch	10,9 l/100 km
Aufbau	2/2sitziges Cabriolet oder Coupé
Serien-Zubehör	Verdeck- und Fenster-Betätigung durch Servokraft, druckknopfgesteuert 2 Nebelscheinwerfer, fest eingebaut Heizung und Lüftung mit groß dimensioniertem elektr. Gebläse reichhaltiger Werkzeugkasten 1 Reserverad Scheibenwasch-Anlage ATE-Unterdruck-Bremsverstärker Radblenden
Sonder-Zubehör	Becker-Auto-Radio-Anlage mit automatischem Stationssucher Automatische Antenne Speichenräder mit Zentral-Schnellverschluß Sealed-Beam Scheinwerfer eingebauter Rückfahrscheinwerfer Getriebe für sportl. Fahrweise 3,54/2,202/1,395/1,0 : 1 Lenkschloß

BMW 507 — TOURING SPORT 3,2 LITER

Motorart	Achtzylinder Viertakt V-Motor, 90° Zylinder-Winkel mit nassen Zylinderbüchsen
Motorleistung	150 PS bei 5000 U/min.
Maximales Drehmoment	24 mkg
Bohrung	82 mm
Hub	75 mm
Hubraum	3168 ccm
Verdichtungsverhältnis	7,8 : 1
Ventilbetätigung	parallel hängend im Zylinderkopf durch Stößel, Stoßstangen und Kipphebel mit Temperaturausgleich
Kolben	Leichtmetall-Vollschaftkolben
Vergaser	2 Doppelfallstromvergaser mit Starthilfsvergaser
Ölkühlung	Wärmeaustauscher im Kühlwasser des Zylinderblocks
Getriebe	Geräuscharmes Viergang-Getriebe am Motor angeflanscht, mit schrägverzahnten Rädern und Sperrsynchronisierung in 4 Gängen
Getriebeübersetzung	1. Gang 3,387 : 1 2. Gang 2,073 : 1 3. Gang 1,364 : 1 4. Gang 1 : 1 Rückwärtsgang 3,18 : 1
Schaltung	Knüppelschaltung zwischen den Sitzen
Hinterachsübersetzung	3,7 : 1 (Serie), 3,42 : 1 auf Wunsch
Rahmen	Vollschutz-Kastenrahmen mit starken Rohrquerträgern und fest verbundenem Aufbau
Vorderachse	Einzelradaufhängung mit Radführung oben und unten durch Dreieckslenker, in Gummi gelagert, zwei einstellbare Drehstäbe, zwei Teleskop-Stoßdämpfer, Stabilisator
Hinterachse	Banjo-Achse mit Hypoidantrieb, Federung durch zwei einstellbare Drehstäbe und zwei Teleskop-Stoßdämpfer
Bereifung	6,00—16" extra Super Record
Lenkung	Spielfreies Kegelradgetriebe Lenksäule axial verstellbar
Fußbremse	Hydraulische Vierrad-Bremse, vorn Duplex, hinten Simplex, mit selbsttätiger Bremsbackennachstellung und ATE Bremsverstärker Gesamt-Bremsfläche 1300 qcm
Handbremse	wirkt mechanisch auf Hinterräder
Bremstrommel	284 mm ⌀ Alfin-Leichtmetalltrommel
Kraftstoffbehälter	hinter den Sitzen, ca. 70 l Fassungsvermögen
Gewicht fahrfertig	ca. 1260 kg
Zulässige Belastung	240 kg
Spurweite	vorn ca. 1445 mm, hinten 1425 mm
Radstand	2480 mm
Größte Länge	4380 mm
Größte Breite	1650 mm
Größte Höhe (besetzt)	1260 mm
Höchstgeschwindigkeit	ca. 220 km/st bei geschlossenen Wagen mit Unterschutz u. Hinterachs-Übers. 3,42 : 1
Geschwindigkeit in den einzelnen Gängen bei Serien-Hinterachsübers.	1. Gang 60 km/st, 2. Gang 100 km/st, 3. Gang 150 km/st, 4. Gang 205 km/st
Steigfähigkeit bei Serien-Hinterachsübers.	4. Gang 14% 3. Gang 20% 2. Gang 31% 1. Gang über 55%
Kraftstoffnormverbrauch	9,7 l/100 km
Aufbau	2sitziger Roadster mit Allwetter-Verdeck
Serien-Zubehör	Tachometer 140 ⌀ Drehzahlmesser 140 ⌀ Heizung und Lüftung mit groß dimensioniertem elektr. Gebläse reichhaltiger Werkzeugkasten 1 Reserverad Scheibenwasch-Anlage ATE-Unterdruck-Bremsverstärker
Sonder-Zubehör	Becker-Auto-Radio-Anlage mit automatischem Stationssucher Automatische Antenne Speichenräder mit Zentral-Schnellverschluß Hinterachsübersetzung 3,42 : 1 und 3,9 : 1 Sealed-Beam Scheinwerfer eingebauter Rückfahrscheinwerfer Unterschutz abnehmbarer Coupé-Aufsatz Leichtmetall-Felgen

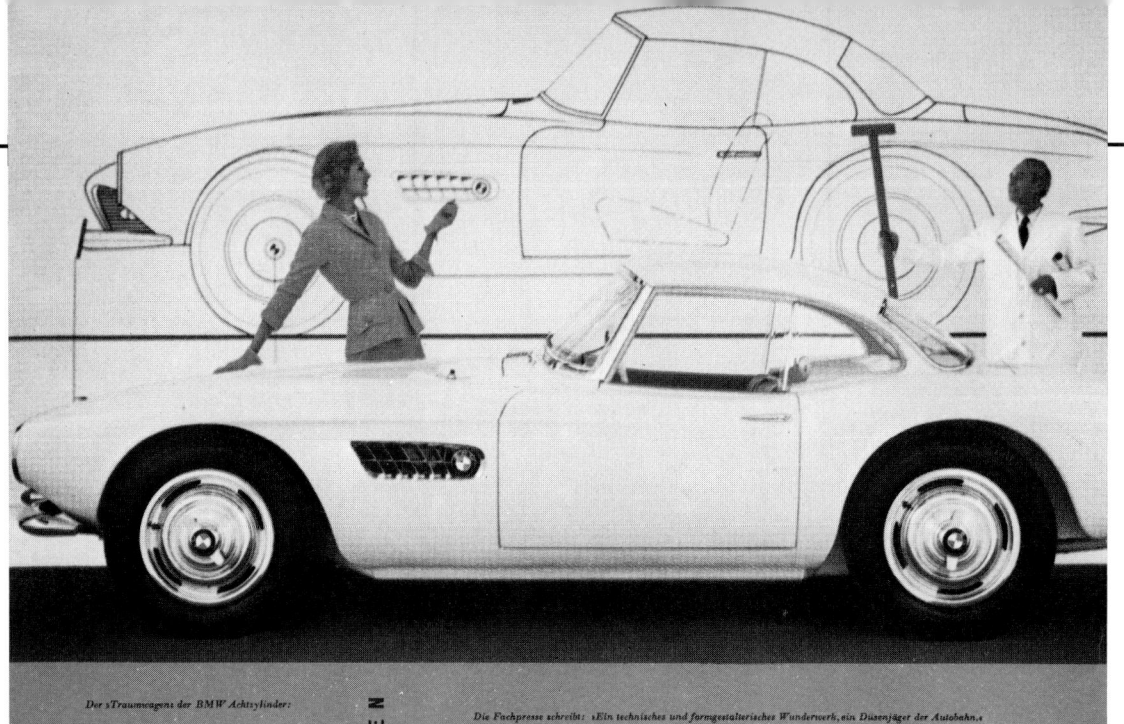

In der Katalognummer von 1959 der Automobil-Revue, Bern, erschienenes Inserat für den BMW 507.

Der »Traumwagen« der BMW Achtzylinder:
BMW 507 Touring Sport.

Die Fachpresse schreibt: »Ein technisches und formgestalterisches Wunderwerk, ein Düsenjäger der Autobahn.«

BAYERISCHE MOTOREN WERKE AG MÜNCHEN

Begeisternd in Linie und Leistung, Ausstattung
und Fahrkomfort – Wagen, die den Anspruch ihrer Besitzer
auf das Außergewöhnliche überzeugend legitimieren –
BMW V 8, die großen europäischen Achtzylinder

Meisterwerke
im harmonischen Zusammenklang ihrer vielfältigen Vorzüge, die durch
ein Höchstmaß an Sicherheit, motorischer Dynamik und Bequemlichkeit
verwöhnen – BMW V 8, die großen europäischen Achtzylinder

Wünsche, von Automobilenthusiasten erträumt,
sind mit den BMW V 8, den großen europäischen Achtzylindern,
zu beglückenden Wirklichkeiten in einer neuen Welt
des Fahrerlebnisses geworden

Die großen europäischen Achtzylinder in Zahlen:

BMW 501 V 8
2,6 l · 95 PS · 6 sitzig
Limousine

BMW 502 V 8
2,6 l · 100 PS oder 3,2 l · 120 PS
Limousine, 6 sitzig

BMW 503 V 8
3,2 l · 140 PS · 2/2 sitzig
Cabriolet und Coupé

BMW 507 V 8
3,2 l · 150 PS · 2 sitzig
Sport-Roadster

1959

Die großen europäischen Achtzylinder

Titelblatt des umfangreichsten und schönsten Verkaufskatalogs, der für die Achtzylindermodelle Ende der fünfziger Jahre herausgegeben wurde.

1957

BMW 507 Touring Sport, 2-Sitzer-Roadster

Links: Mit diesem attraktiv aufgemachten Prospekt wurde für die Typen 503 und 507 gleichzeitig geworben.

Oben: Wer mit einem der 252 gebauten BMW 507 vorfuhr, erregte überall größte Aufmerksamkeit ...

BMW 503 – das sportlich-elegante Cabriolet und Coupé

Auch in der Hardtop-Version beeindruckte ein BMW 503 durch zeitlose Eleganz.

1959

Er war eine atemberaubende Erscheinung, dennoch konnte der BMW 507 nicht den Erfolg des Konkurrenten Mercedes 300 SL erreichen.

BMW 507
*der rassige Sportwagen —
König der Autobahnen*

Zweisitziger Roadster mit Allwetterverdeck. Auf Wunsch abnehmbarer Coupé-Aufsatz
3,2 l V-Achtzylinder-Motor 150 PS

COUPÉ 2 türig, 2/2 sitzig wahlweise Stoff- oder Lederpolsterung	DM 32950.—	**503** V 8 ZYL · 3,2 L 140 PS
CABRIOLET 2 türig, 2/2 sitzig Lederpolsterung	DM 32950.—	**503** V 8 ZYL · 3,2 L 140 PS
TOURING SPORT ROADSTER Coupé-Aufsatz	DM 29950.— DM 1750.—	**507** V 8 ZYL · 3,2 L 150 PS

Preise einschl. vollständiger Heizungs- und Belüftungsanlage

AKTIENGESELLSCHAFT MÜNCHEN

PREISLISTE AUTOMOBILE

SEPTEMBER 1959

Selbst einschließlich Hardtop, das dem Wagen auch gut stand, kostete der 507 weniger als der Typ 503.

Innerhalb von fünf Jahren konnten vom BMW 503 Cabriolet und Coupé 413 Stück verkauft werden. Gerade deswegen gehört der Wagen zu den besonders gesuchten Liebhaberstücken.

ZAHLEN UND WERTE DES BMW 503 3,2 LITER CABRIOLET UND COUPÉ

Motorart	8-Zylinder Viertakt V-Motor, 90° Zylinder-Winkel mit nassen Zylinderbüchsen
Motorleistung	140 PS bei 4800 U/min.
Max. Drehmoment	22,6 mkg
Bohrung	82 mm
Hub	75 mm
Hubraum	3168 ccm
Verdichtungsverhältnis	7,5 : 1
Ventile	parallel hängend im Zylinderkopf
Ventilbetätigung	durch Stößel, Stoßstangen und Kipphebel, mit Temperaturausgleich
Kolben	Leichtmetall-Vollschaftkolben
Vergaser	2 Doppelfallstromvergaser mit Starthilfsvergaser
Ölkühlung	Wärmeaustauscher im Kühlwasser des Zylinderblocks
Getriebe	Geräuscharmes 4-Gang-Getriebe unter den Vordersitzen, mit schrägverzahnten Rädern und Sperrsynchronisierung in allen Gängen
Getriebeübersetzung	1. Gang 3,54 : 1 2. Gang 2,202 : 1 3. Gang 1,395 : 1 4. Gang 1 : 1 Rückwärtsgang 5,03 : 1
Schaltung	Lenksäulenschaltung
Hinterachsübersetzung	3,9 : 1 (Serie) oder 3,42 : 1 auf Wunsch
Rahmen	Vollstahl-Kastenrahmen mit starken Rohrquerträgern mit Aufbau verschweißt
Vorderachse	Einzelaufhängung mit Radführung oben und unten durch Dreieckslenker, in Gummi gelagert einstellbaren Drehstäben, Teleskop-Stoßdämpfer
Hinterachse	Banjo-Achse mit Hypoidantrieb, Federung durch zwei einstellbare Drehstäbe und zwei Teleskop-Stoßdämpfer
Bereifung	6,00 — 16" Racing
Lenkung	Spielfreies Kegelradgetriebe
Fußbremse	Hydraulische Vierrad-Bremse, vorn Duplex, hinten Simplex, mit selbsttätiger Bremsbackennachstellung Gesamt-Bremsfläche 1300 qcm
Handbremse	wirkt mechanisch auf Hinterräder
Bremstrommel	284 ø, Grauguß stark verrippt
Kraftstoffbehälter	hinter der Hinterachse, ca. 75 Liter Fassungsvermögen
Gewicht fahrfertig	ca. 1460 kg
Zulässige Belastung	4 Personen + Gepäck
Spurweite	vorn ca. 1400 mm, hinten 1420 mm
Radstand	2835 mm
Größte Länge	4740 mm
Größte Breite	1700 mm
Größte Höhe (besetzt)	1395 mm
Wendekreis	ca. 11 m ø
Höchstgeschwindigkeit	ca. 190 km/h
Geschwindigkeit in den einzelnen Gängen bei Serien-Hinterachsübersetzung	1. Gang 50 km/h, 2. Gang 85 km/h, 3. Gang 130 km/h
Steigfähigkeit bei Serien-Hinterachsübersetzung	4. Gang 13% 3. Gang 19% 2. Gang 30% 1. Gang über 45%
Aufbau	2/2sitziges Cabriolet oder Coupé
Serien-Zubehör	Elektro-hydraulische Verdeck- und Fenster-Betätigung 2 Nebelscheinwerfer, fest eingebaut Heizung und Lüftung mit groß dimensioniertem elektr. Gebläse reichhaltiger Werkzeugkasten 1 Reserverad
Sonder-Zubehör	Hydrovac-Bremsverstärker Becker-Auto-Radio-Anlage mit automatischem Stationssucher Scheibenräder mit Zentral-Schnellverschluß Hinterachsübersetzung 1 : 3,42 Sealed-Beam Scheinwerfer Automatische Kupplungsbetätigung „Kupplomat" Scheibenwasch-Anlage Getriebe mit stärkerer Gangabstufung 3,78/2,35/1,49/1 : 1

Änderungen von Konstruktion und Ausstattung vorbehalten

Der letzte Faltprospekt für den BMW 507 erregte mit einem feuerroten Titelbild Aufsehen.

BMW 507
Touring Sport

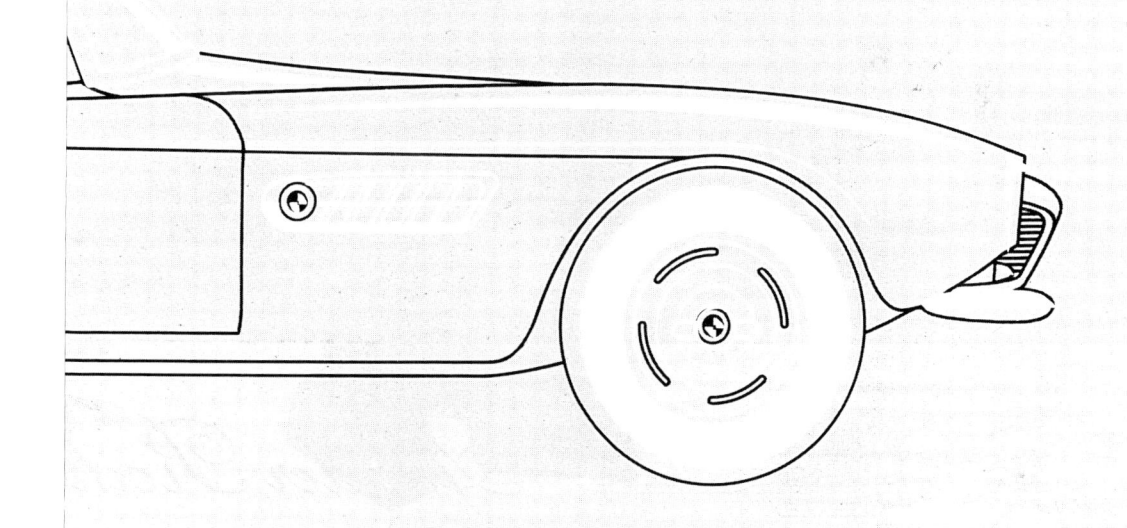

Ein Wettbewerbswagen sollte der BMW 507 nicht sein. Er war als sportlicher Tourenwagen gedacht, ein repräsentativer Roadster für den verwöhnten Automobilisten ...

Für Kenner und Automobil-Enthusiasten mit Sinn für das Außergewöhnliche wurde der BMW 507 Touring Sport geschaffen. Mit diesem in internationalen Wettbewerben sieggewohnten und auf Schönheitskonkurrenzen immer wieder preisgekrönten zweisitzigen Roadster setzt BMW die langjährige und erfolgreiche Tradition im Bau schneller Sportwagen fort. Für Fahrer und Fahrgast wird jede Fahrt mit dem 507 zum einzigartigen Erlebnis. Die im Vorüberreilen genossene Landschaft, wenn Hügel und Berge sich zu begradigen scheinen, Entfernungen dahinschwinden, ist in gleicher Weise berauschend wie die gelassen beschauliche Fahrt, wenn nur ein Minimum der unter der Motorhaube schlummernden Kräfte wirkt. Die motorische Dynamik, schon im Ausdruck der vollendeten Linienführung sichtbar, scheint fast unerschöpflich, Kurvenlage, Straßenkontakt und Fahrsicherheit grenzen ans Wunderbare.

Mit zwei Doppelfallstromvergasern ausgerüstet, leistet der 3,2 l *V-Achtzylinder-Motor* 150 PS bei einer Verdichtung von 7.8:1. Da das Höchstdrehmoment bei 4000 U/min 24 mkg, das Wagengewicht aber nur 1260 kg beträgt, ist die Beschleunigung geradezu phänomenal. Einige besondere technische Details: nasse Zylinderlaufbüchsen im Leichtmetall-Zylinderblock, automatischer Ventilspiel-Ausgleich, fünffache Gleitlagerung der Kurbelwelle und gleitgelagerte Pleuel, Wärmetauscher zum schnellen Erreichen der notwendigen Öl-Temperatur.

Die hydraulisch betätigte *Einscheiben-Kupplung* ergänzt weichgriffig und feinfühlig die sportliche Charakteristik des temperamentvollen Motors.

Das am Motor angeblockte *Vierganggetriebe* ist sperrsynchronisiert.

Der die *Leichtmetall-Karosserie* tragende Vollschutzrahmen ist der stabile Unterbau für die vorbildliche Vorder- und Hinterachsaufhängung.

Die spielfreie *Kegelradlenkung* gewährleistet zentimetergenaues Fahren. Die Lenksäule ist individuell verstellbar.

Die *Hinterachsaufhängung* mit Schub- und Zugstrebe und die Ausbildung der Querstrebe als Panhard-Stab sind besonders für eine sportliche Fahrweise ausgelegt. Die Vorderachskonstruktion ergibt das für BMW Wagen sprichwörtliche spurtreue Verhalten bei jeder Straßenbeschaffenheit.

Die *Federung* erfolgt mittels einstellbarer Drehstäbe.

Der BMW 507 besitzt *großdimensionierte Bremsen*. Die Leichtmetall-Bremstrommeln werden durch besondere Führung des Luftstromes gekühlt.

Serienmäßig wird der BMW 507 mit einem *Allwetterverdeck*, auf Wunsch mit einem abnehmbaren Coupé-Aufsatz geliefert.

Für zwei Personen bot der Wagen guten Komfort und genügend Platz. Der 507 war zum Reisen, nicht zum Rasen konzipert.

BMW 507

Der Innenraum des BMW 507 entspricht ganz der bildschönen Linie seiner sportlich eleganten Karosserie. Schmiegsam weich sind die breiten Ledersessel der Körperform angepaßt und erhöhen so den Kontakt zu Fahrzeug und Straße. Die vollständig mit Leder verkleideten Türen sind mit geräumigen Seitentaschen und breiten Armstützen in der anatomisch richtigen Lage ausgestattet. Im direkten Blickfeld des Fahrers liegen die großen, übersichtlichen Instrumente, die sich mit den Bedienungshebeln und dem verschließbaren Handschuhkasten harmonisch in das formvollendete Armaturenbrett einfügen. Eine leicht regulierbare Klimaanlage garantiert durch Zufuhr von Heiz- und Frischluft bei jeder Wetterlage die gewünschte Innentemperatur. In dem von außen zugänglichen, geräumigen Kofferraum läßt sich mühelos Reisegepäck für zwei Personen unterbringen.

Aus der Re

Der BMW 507 ist mit Sicherheit einer der formal bestgelungenen Wagen der deutschen Nachkriegszeit. Er wird heute selten, wenn überhaupt, zu geringeren als sechsstelligen Summen angeboten.

der großen **BMW** *Achtzylinder*

BMW 3200 CS Bertone

Mit dem 3200 CS erschien das letzte V8-Modell der klassischen 502-Baureihe. Die viersitzige Coupé-Karosserie nach Art der amerikanischen Hardtops wurde nach einem Entwurf Nuccio Bertones in Turin gebaut; das Auto galt als Spitzenwagen im deutschen Personenwagenangebot...

1961

BMW 3200 CS

Alle Garantien für die höchste Sicherheit bietet der BMW 3200 CS: den verwindungssteifen Vollschutz-Kastenrahmen, die leicht ansprechende Drehstab-Federung an allen Rädern, die kontaktsichere, spurtreue Lenkung, selbstverständlich die vollendeten Scheibenbremsen und den dynamischen BMW V8-Zylinder-Motor, der durch seine gewaltige Beschleunigung Sicherheit beim Überholen gibt.

BMW 3200 CS

Entwickelt aus der berühmten BMW V8-Serie, seit Jahren bewährt in der technischen Konzeption, doch grundlegend neu in der Karosserie: der BMW 3200 CS. Berückend schön ist die äußere Erscheinung dieses Automobils der Sonderklasse — nach einem Entwurf des bekannten italienischen Karossiers Bertone — fließend in der Linie, so präsentiert sich unaufdringliche Eleganz. Eindrucksvoll die Leistung, 160 PS bei 5600 U/min, Höchstgeschwindigkeit 200 km/h, Beschleunigung von 0-100 km/h in rund 11 Sekunden. Ungewöhnlich reichhaltig die Ausstattung — Komfort, der auch Verwöhnte überrascht: einladende, luxuriöse Komfortsitze mit Liegesitz-Beschlägen vorn, die helle Geräumigkeit eines komfortablen Viersitzers, elektrisch betätigte Fensterheber, was Sie sich auch wünschen — an alles ist gedacht.

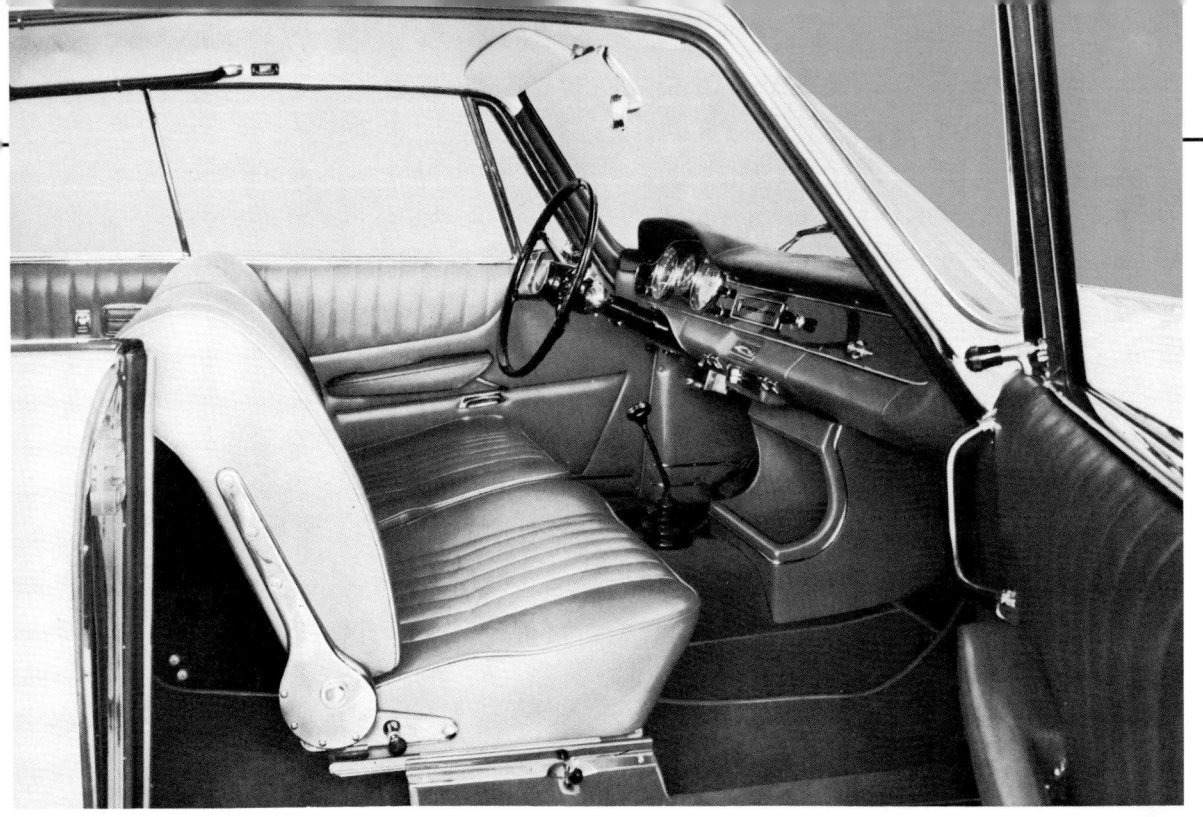

1961 erschien zum letztenmal ein Sportcoupé von BMW mit V8-Motor, der bis 1965 gebaute und von Bertone gestylte Typ 3200 CS. Auch sein Schicksal war nicht gerade von großen Produktionszahlen bestimmt; es blieb bei 538 Exemplaren.

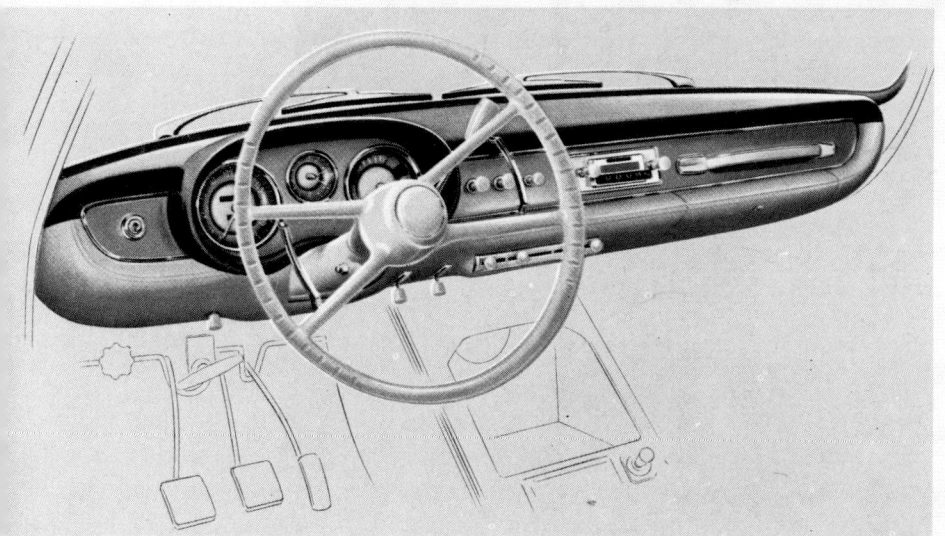

WOLFGANG DENZEL
Generalvertretung der Bayerischen
Motoren-Werke A.G. für Österreich
Zweigniederlassung Linz
Gärtnerstraße 4   Tel. 28 2 24

Motor	Achtzylinder Viertakt V-Motor mit Leichtmetall-Kurbelgehäuse
Höchste Leistung	160 DIN-PS bei 5600 U/min
Maximales Drehmoment	24,5 mkg
Bohrung	82 mm
Hub	75 mm
Hubraum	3168 ccm tatsächlich; 3146 n. d. Steuerformel
Verdichtungsverhältnis	9:1
Ventile	parallel hängend im Zylinderkopf
Ventilbetätigung	durch Stößel, Stoßstangen und Kipphebel, mit Temperaturausgleich
Vergaser	2 Doppelfallstromvergaser mit Starthilfsvergaser
Ölkühlung	Wärmeaustauscher im Kühlwasser des Zylinderblocks
Getriebe	geräuschloses Vierganggetriebe mit schrägverzahnten Rädern und Sperrsynchronisierung in allen Gängen
Getriebeübersetzung	1. Gang 3,71:1, 2. Gang 2,27:1, 3. Gang 1,49:1 4. Gang 1:1, Rückwärtsgang 3,49:1
Schalthebel	an Lenksäule, wahlweise Knüppelschaltung
Hinterachsübersetzung	3,89:1, wahlweise 3,7:1
Rahmen	Vollschutz-Kastenrahmen mit starken Rohrquerträgern, mit Aufbau verschweißt
Vorderachse	Einzelradaufhängung mit Radführung durch Dreieckslenker, in Gummi gelagert, mit einstellbaren Drehstäben und Teleskop-Stoßdämpfern
Hinterachse	mit Hypoidantrieb, Federung durch einstellbare Drehstäbe und Teleskop-Stoßdämpfer
Bereifung	6,50/6,70–15" extra Super Record
Lenkung	spielfreies Kegelradgetriebe
Fußbremse	mit Kraftverstärker, vorn Scheibenbremse, hinten Trommelbremse
Handbremse	mechanisch auf Hinterräder
Kraftstoffbehälter	ca. 75 Liter Fassungsvermögen, davon 8 Liter Reserve
Gewicht (fahrfertig)	1450 kg
Zul. Gesamtgewicht	1900 kg
Spurweite	vorn 1330 mm, hinten 1416 mm
Radstand	2835 mm
Größte Länge	4830 mm
Größte Breite	1720 mm
Größte Höhe	1460 mm unbelastet
Bodenfreiheit	170 mm belastet
Wendekreis	ca. 12 m ⌀
Höchstgeschwindigkeit	200 km/std
Geschwindigkeit in den einzelnen Gängen	1. Gang 45 km/h, 2. Gang 75 km/h, 3. Gang 120 km/h, 4. Gang 200 km/h

Änderung von Konstruktion und Ausstattung vorbehalten

1964

Technische Daten

Motor	BMW Viertakt Achtzylinder V-Motor mit Leichtmetall-Kurbelgehäuse
Höchste Leistung	160 DIN-PS bei 5600 U/min
Maximales Drehmoment	24,5 mkg
Bohrung/Hub	82 mm/75 mm
Hubraum	3168 ccm tatsächlich; 3146 ccm n. d. Steuerformel
Verdichtungsverhältnis	9 : 1
Vergaser	2 Registervergaser mit Starthilfsvergaser
Getriebe	Vierganggetriebe mit schrägverzahnten Rädern und Sperrsynchronisierung
Getriebeübersetzung	1. Gang 3,39 : 1, 2. Gang 2,07 : 1, 3. Gang 1,36 : 1, 4. Gang 1 : 1, Rückwärtsgang 3,18 : 1
Hinterachsübersetzung	3,89 : 1 (7,00 H 15) je nach Bereifung 3,70 : 1 (185 HR 15)
Vorderachse	Einzelradaufhängung an Dreieckslenkern mit einstellbaren Drehstäben und Teleskop-Stoßdämpfern
Hinterachse	mit Hypoidantrieb, Starrachse mit Federhebeln und Längslenkern, Panhardstab, Federung mit einstellbaren Drehstäben, Drehstabstabilisator, Teleskop-Stoßdämpfer
Bereifung	7,00 H 15" bzw. 185 HR 15 SP
Fußbremse	mit Bremskraftverstärker, vorn Scheibenbremse, hinten Trommelbremse
Kraftstoffbehälter	ca. 80 Liter Fassungsvermögen, davon 8 Liter Reserve
Leergewicht (fahrfertig)	1500 kg
Zul. Gesamtgewicht	1900 kg
Spurweite	vorn 1330 mm, hinten 1420 mm
Radstand	2835 mm
Größe Länge/Höhe/Breite	4850/1760/1470 mm
Bodenfreiheit	ca. 175 mm belastet
Wendekreis	ca. 12,50 m ⌀
Höchstgeschwindigkeit	ca. 200 km/h (mit Hinterachsübersetzung 3,7)
Geschwindigkeit in den einzelnen Gängen	1. Gang 55 km/h, 2. Gang 95 km/h, 3. Gang 145 km/h, 4. Gang 200 km/h

Änderung der Konstruktion und Ausstattung vorbehalten!

Mit freundlicher Empfehlung

W 255 20 5. 64

Der BMW 3200 CS wurde aus der berühmten BMW V 8-Serie entwickelt. Mit seiner bewährten technischen Konzeption und seiner makellos schönen Form ist dieser Wagen der Glanzpunkt des heutigen BMW Programms. Die Karosserie schuf der bekannte italienische Karossier Bertone. Die flach ansteigende Motorhaube geht sanft in die sphärisch gewölbte Frontscheibe über und setzt sich im weichen Bogen des Daches fort. Der geringe Stirnquerschnitt und die strömungsgünstige Form sind das Fundament für die begeisternde Spitzengeschwindigkeit dieses Wagens. Die Karosserie ist mit dem verwindungssteifen BMW Vollschutz-Rahmen zu einer festen Einheit verschweißt.

Die exclusive und kostbare Ausstattung des BMW 3200 CS entspricht dem äußeren Stil und dem Leistungsniveau dieses Achtzylinders. Vollelektrische Fensterheber und getrenntes Heizungs- und Lüftungssystem sind nur zwei Beispiele der zahlreichen Finessen. Ungewöhnlich für einen sportlichen Wagen ist die Bequemlichkeit: Leichter Einstieg durch breite, weit öffnende Türen; vorbildlich geformte, elegante Ledersessel mit Liegesitzbeschlägen. Sie geben den für diesen schnellen Viersitzer unbedingt erforderlichen festen Halt.

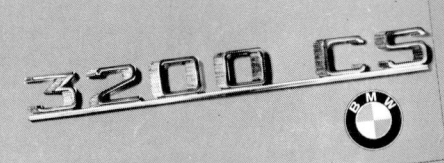

Hier der letzte Werbeprospekt für einen BMW-Wagen mit V8-Motor von 1964. 160 PS verhalfen dem Wagen zu sehr guten Fahrleistungen, doch sprach seine schlichte Form damals nur wenige Enthusiasten an.

Die großen BMW-Wagen im Test

Eine der ersten Fachzeitschriften, die sich mit dem neuen, großen BMW befassen durfte, war die **Motor-Rundschau,** die in Heft 3 im Jahre 1953 einen Kurztest veröffentlichte. Nach kurzer Einführung, in der es u. a. hieß: „Besonders herauszustellen ist die überlegte Gestaltung aller – auch der kleinsten – Teile und die Leichtgängigkeit aller Betätigungen bis zu den leichtschließenden (!) Türen!", ging der Tester dann auf die Eigenschaften des altbekannten Zweiliter-Vierzylindermotors ein: „Der ausgeglichene, leistungsfähige Motor ist im gesamten Drehzahlbereich sehr ruhig, weich in allen Übergängen und er ergibt mit seiner ausgeklügelten Drehmomentkurve günstige Beschleunigungszeiten und eine entsprechende ‚Bergfreudigkeit'."

Bei den Verbrauchsmessungen des schweren Wagens ergaben sich für die damalige Zeit recht günstige Werte: Im Durchschnitt flossen 11 bis 13 Liter pro 100 km durch den Vergaser. Auch als sich der Tester dem Getriebe zuwandte, konnte Erfreuliches berichtet werden: „Das besonders sorgfältig abgestimmte Vierganggetriebe ist in allen Gängen geräuscharm. Eine reine Freude ist die leichtgängige und weiche (hydraulische) Betätigung der Kupplung. Ebenso leichtgängig ist die Schaltung der Vorwärtsgänge (die alle sperrsynchronisiert sind) mit bequemen Schaltwegen. Der Schalthebel liegt griffbereit und völlig beinfrei vor dem Lenkrad. So läßt sich der Motor voll nutzen, und es entstehen die günstigen Beschleunigungszeiten in den Gängen und beim Durchschalten."

Was Federung und Straßenlage betraf, so zeigte sich der Tester von der komfortablen, dennoch nicht zu weichen Abstimmung beeindruckt. Er bestätigte dem 501 das Erreichen hoher Reisedurchschnitte. Diesen guten Schnellfahreigenschaften entsprachen wirkungsvolle Bremsen, die den Wagen sicher beherrschbar machten. Besonders gefiel die durchdachte und liebevolle Ausstattung des Testwagens, der überdies sehr großzügige Platzverhältnisse bot: „Sehr guter Ein- und Ausstieg durch vier Türen. Fahrereinstieg auch von rechts bequem. – Abblendung mit Fußschalter und Knopf in Lenkradmitte (als Blinklicht und zum kurzzeitigen Aufblenden!). – Klare Instrumente im Fahrerblickfeld! – Kardantunnel vorn ganz flach und ebenso wenig störend wie der kleine Tunnel hinten. Dadurch hinten und vorn wirklich drei beinfreie Plätze!"

Unter der Überschrift „kleine Wünsche", die am Ende jedes Testberichtes dieser Zeitschrift erschien, wurden schließlich einige Kritikpunkte erwähnt: „Bei der ausgereiften und fortschrittlichen Konstruktion sind nur wenig Wünsche offen. – Entwicklung einer Federung, die auch alle kleinen Stöße schneller Folge (z. B. bei manchen Kleinpflasterarten) voll abfängt. – Das sonst so gute Lenkrad mit griffiggeformten Speichen. – Heizleitungen in den Fondraum."

Etwa zur gleichen Zeit hatte sich die österreichische Autozeitschrift *Austro-Motor* mit dem neuen BMW beschäftigt. In Heft 10/1953 erschien dort ein ausführlicher Testbericht. Nach eingehenden Beschreibungen der Entwicklungsgeschichte und der Konstruktionsdetails des 501 kam man auf die Fahreigenschaften zu sprechen und erreichte ähnliche Werte wie die Tester der *Motor-Rundschau:*

„Die Straßenlage des BMW 501 ist auf allen Straßen und bei jedem Wetter erstklassig. Selbst bei regennassem Asphalt und wechselseitiger Windeinwirkung zeigte der Wagen stets die gleiche hervorragende Straßenhaftung, da die windschlüpfrige Karosserie wenig Angriffsfläche gegen Seitenwind bietet. Auch ist er gegen eine wechselnde Belastung durch Mitfahrer unempfindlich, da es den BMW-Leuten gelungen ist, die Schwingungszahl der Federung gleichzuhalten."

Und so fiel auch der Gesamteindruck, den der Wagen bei

Oben: Chassis des BMW 501/502.
Links:
Motor des 502.

den österreichischen Testern hinterließ, recht positiv aus: „Abschließend sei gesagt, daß der neue BMW 501 zu den geräumigsten europäischen Wagen zählt und in puncto Temperament, Leistung und Detailausführung (Finish) ein echter BMW ist. Er wird, trotzdem er in einer höheren Preisklasse liegt, schnell begeisterte Anhänger finden, da er nicht nur ein vollwertiger Sechssitzer, sondern auch ein sportlicher Reisewagen ist."

Kurz nach seiner Präsentation auf dem Genfer Salon 1955 hatte *Austro-Motor* auch Gelegenheit, den neuen Achtzylinder vom Typ 502 zu untersuchen, und veröffentlichte in Heft 5/1955 einen Bericht. Großen Eindruck machte der neue Motor:

„Wir hatten Gelegenheit, den neuen BMW 502 zu fahren und wollen Ihnen unsere Eindrücke schildern: Bereits beim Starten merkt man, daß es sich hier um einen neuen Wagen handelt. Das sonst übliche Startergeräusch fehlt beim BMW 502 vollkommen, und der Motor läuft so leise, daß man nur am Verlöschen der Ladekontrollampe bemerkt, daß er schon angesprungen ist."

Ganz euphorisch wurden die Tester, als der Wagen bei den Beschleunigungsmessungen den Spurt von 0 auf 100 km/h in nur 13,4 Sekunden bewältigte:

„Dies sind Fahrleistungen, die man sonst nur bei Sportwagen findet, und das große Beschleunigungsvermögen sowie die überragende Straßenlage stellen den BMW 502 an die Spitze der absoluten Extraklasse im Tourenwagenbau."

Die Fahrwerksauslegung zeigte sich der gestiegenen Leistung als gewachsen: „Die Straßenlage des BMW 502 ist hervorragend, und die Federung – progressiver als bei Personenwagen üblich – ist im unteren Geschwindigkeitsbereich weicher und bei höherem Tempo härter, so daß sportliche Straßenlage und weiche komfortable Federung vereint sind."

Kurz nach dieser flüchtigen Bekanntschaft mit österreichischen Testern wurde ein V8 einem ausgiebigen Testprogramm bei der Zeitschrift *Auto, Motor und Sport* unterzogen. Dipl.-Ing. Buck beschrieb seine ersten Eindrükke von dem neuen Achtzylinder folgendermaßen:

„In der Tat habe ich in meiner Testpraxis an deutschen Motoren noch nichts Elastischeres und Gutmütigeres in die Finger bekommen. Als Beispiel: Mit 15 km/h im direkten Gang fahren geht – der Wagen rollt mit dem Leerlaufgas dahin und läßt sich anstandslos beschleunigen, zwar nicht gerade rasant (wer wollte das verlangen?), aber es geht. Im normalen Betrieb könnte man sich angewöhnen, im zweiten Gang anzufahren und im übrigen nur den vierten Gang zu kennen. Ich habe das einige Zeit exerziert, denn des Interesses halber muß man so manches tun, was dem Techniker zwar gegen den Strich geht, aber einfach probiert sein will. Daß das aber bei einem Wagen zu machen geht, der über 160 Spitze läuft und auf deutschen Straßen nicht viele Gegner findet, ist mehr denn erstaunlich. Das ist beste Gebrauchswagen-Charakteristik!"

Daß der Motor seine Leistung ohne großen Lärm abgab,

Technische Daten 1962–65

Typ/Bauzeit	501 1952–54	501 1954–55	501 6 Zyl. 1955–58	502 2,6 Liter 1954–61
Zylinder	6 Reihe	6 Reihe	6 Reihe	V8 90°
Bohrung x Hub	66 x 96 mm	66 x 96 mm	68 x 96 mm	74 x 75 mm
Hubraum	1971 ccm	1971 ccm	2077 ccm	2580 ccm
Leistung PS bei U/min	65/4400	72/4400	72/4500	105/4800
Drehmoment	13,2/2000 mkp	13,3/2500 mkp	13,8/2500 mkp	18,4/2500 mkp
Verdichtung	6,8:1	6,8:1	7,0:1	7,0:1
Vergaser	Solex 30 PAAJ	Solex 30 PAAJ	Solex 32 PAJTA	Solex 30 PAAJ, ab 1957 Zenith 32 Noix
Batterie	12 V 50 Ah	12 V 50 Ah	12 V 50 Ah	12 V 56 Ah
Lichtmaschine	160 W	160 W	160 W	160 W
Getriebe	4-Gang, Vollsynchron. Lenkradschaltung	4-Gang, Vollsynchron. Lenkradschaltung	4-Gang, Vollsynchron. Lenkradschaltung	4-Gang, Vollsynchron. Lenkradschaltung
Radstand	2835 mm	2835 mm	2835 mm	2835 mm
Spur v./h.	1322/1408 mm	1322/1408 mm	1322/1408 mm	1330/1416 mm
Radstand	2835 mm	2835 mm	2835 mm	2835 mm
Spur v./h.	1322/1408 mm	1322/1408 mm	1322/1408 mm	1330/1416 mm
L x B x H	4730 x 1780 x 1530 mm	4730 x 1780 x 1530 mm	4730 x 1780 x 1530 mm	4730 x 1780 x 1530 mm
Felgen	4,00 E x 16	4,00 E x 16	4,00 E x 16 od. 4,5 K x 15	4,5 K x 15
Reifen	5,50-16	5,50-16	5,50-16 oder 6,40-15	6,40 S 15 L
Leergewicht	1340 kg	1340 kg	1340 kg	1440 kg
Zul. Ges.-Gewicht	1725 kg	1725 kg	1800 kg	1900 kg
Höchstgeschw.	135 km/h	140 km/h	145 km/h	160 km/h
Beschleunigung 0–100 km/h	27 sec	23 sec	22 sec	17 sec
Tankinhalt	58 Liter	58 Liter	58 Liter	70 Liter
Preis bei Erscheinen	Lim. 15 150,– DM	Lim. A 14 180,– DM Lim. B 12 680,– DM Coupé 18 100,– DM Cabriolet 18 200,– DM	Lim. 12 500,– DM Coupé 17 850,– DM Cabriolet 17 950,– DM	Lim. 17 800,– DM Coupé 21 800,– DM Cabriolet 21 900,– DM

versuchte der Tester so auszudrücken: „Dabei fallen die zwei Dutzend Pferde mehr als beim Sechszylinder nicht etwa durch zorniges Wiehern auf. Die Maschine ist in allen Drehzahlbereichen unwahrscheinlich leise; man meistert alles sozusagen in spielerischer Eleganz."

Die Fahreigenschaften waren der beträchtlich gestiegenen Leistung des Wagens durchaus gewachsen: „Man wird sich freilich bei jedem Fahrzeug um 100 PS Leistung der latenten kinetischen Energien bewußt bleiben müssen, um verantwortungsbewußt zu fahren, aber von ‚ungutem Gefühl', was die Straßenlage des Achtzylinder-BMW angeht (auch bei bewußter Annäherung an die Grenze des Erlaubten), kann ich nicht berichten."

Und die Bremsanlage zeichnete sich zwar durch Leichtgängigkeit aus, war aber in ihrer Leistungsfähigkeit den gestiegenen Bedürfnissen noch nicht optimal angepaßt worden:

„Die Fußbremse macht keine Ausnahme, was die angenehme Bedienung – siehe Lenkung und Kupplung – des 501 angeht. Mit ca. 50 kg Maximalpedalkraft ist auch für

Typ/Bauzeit	501 Achtzylinder 1955–61	502 3,2 Liter 1955–61	502 3,2 Liter Super 1957–61
Zylinder	V8 90°	V8 90°	V8 90°
Bohrung x Hub	74 x 75 mm	82 x 75 mm	82 x 75 mm
Hubraum	2580 ccm	3168 ccm	3168 ccm
Leistung PS bei U/min	95/4800	120/4800	140/4800
Drehmoment	18/2500 mkp	21,4/2500 mkp	22/3800 mkp
Verdichtung	7,0:1	7,2:1	7,3:1
Vergaser	Solex 30 PAAJ, ab 1957 Zenith 32 Noix	Zenith 32 Noix	Zenith 32 Noix
Batterie	12 V 56 Ah	12 V 56 Ah	12 V 56 Ah
Lichtmaschine	160 W	160 W	200 W
Getriebe	4-Gang, Vollsynchron., Lenkradschalt.	4-Gang, Vollsynchron., Lenkradschalt.	4-Gang, Vollsynchron., Lenkradschalt.
Radstand	2835 mm	2835 mm	2835 mm
Spur v./h.	1330/1416 mm	1330/1416 mm	1330/1416 mm
L x B x H	4730 x 1780 x 1530 mm	4730 x 1780 x 1530 mm	4730 x 1780 x 1530 mm
Felgen	4½ K x 15	4½ K x 15	4½ K x 15
Reifen	6,40 S 15 L	6,40 S 15 L	6,40 S 15 L, ab 1959 6,50/6,70 H 15 L
Leergewicht	1430 kg	1470 kg	1500 kg
Zul. Ges.-Gewicht	1900 kg	1900 kg	1900 kg, ab 1959 2000 kg
Höchstgeschw.	160 km/h	170 km/h	175 km/h
Beschleunigung	17,5 sec	15 sec	14,5 sec
Tankinhalt	70 Liter	70 Liter	70 Liter
Preis bei Erscheinen	Limousine 13 950,- DM	Limousine 17 850,- DM	Limousine 19 770,- DM

die Damenfahrerin die Gewähr für Vollbremsung gegeben. Aus hohem Tempo abgebremst, macht sich zwischen 100 und 80 km/st eine Art Rupfen bemerkbar, das sicherlich auf die Bremsbeläge zurückgeht und somit zu beheben sein müßte. Vielleicht hätte der 501-Achtzylinder mit ehrlichen 160 km/st Spitze etwas größere Bremsfläche verdient als der Sechszylinder (940 cm²), nachdem hier die Gefahr, sehr viel öfter aus 140 km/st abbremsen zu müssen, doch größer ist als beim schwächeren Typ. Schnelleres Erschöpfen der Bremsreserve ist naturgemäß nicht zu vermeiden; auf alle Fälle muß die kleinere Bremsfläche auf Kosten der Belag-Lebensdauer gehen."

Die bauchigen Formen des Wagens hatten schon einige Kritiker zu abfälligen Äußerungen veranlaßt, doch Buck legte sehr viel mehr Wert auf eine solide Technik: „Was die Außenform angeht, ist der BMW sicherlich nicht der Erkenntnis letzter Schrei, aber eben auch in dieser Hinsicht etwas Exquisites (es soll noch Gegner der Pontonform geben!). Mit der ausgesprochenen Betonung der Kotflügel, den auf der hinteren Stoßstange sitzenden Rückstrahlern und der runden, stark gewölbten Heckform ist die BMW-Karosserie ein typischer Vertreter überkommener Bauform, die nichtsdestoweniger sehr viel Innenraum und geringen Luftwiderstand ergibt. Schließlich sollte man nicht vergessen, daß die BMW-Leute ihre Fertigung aus dem Nichts stampfen und wohl oder übel an Vorhandenes anknüpfen mußten. Vielleicht wäre ein BMW mit 08/15-Karosserie nie das geworden, was er heute ist! Man mag sein Äußeres ablehnen – sei-

Typ/Bauzeit	2600 1961–62	2600 L 1961–64	3200 L 1961–62	3200 S 1961–63
Zylinder	V8 90°	V8 90°	V8 90°	V8 90°
Bohrung x Hub	74 x 75 mm	74 x 75 mm	82 x 75 mm	82 x 75 mm
Hubraum	2580 ccm	2580 ccm	3168 ccm	3168 ccm
Leistung PS bei U/min	100/4800	110/4900	140/5400	160/5600
Drehmoment	18,5/2500 mkp	18,6/3000 mkp	24,2/3000 mkp	24,5/3600 mkp
Verdichtung	7,5:1	7,5:1	9:1	9:1
Vergaser	Zenith 32 Noix	Zenith 32 Noix	Zenith 32 Noix	Zenith 36 Noix
Batterie	12 V 56 Ah	12 V 56 Ah	12 V 56 Ah	12 V 56 Ah
Lichtmaschine	160 W	160 W	160 W	200 W
Getriebe	4-Gang, Vollsynchron. Lenkradschaltung	4-Gang, Vollsynchron. Lenkradschaltung	4-Gang, Vollsynchron. Lenkradschaltung	4-Gang, Vollsynchron. Lenkradschaltung
Radstand	2835 mm	2835 mm	2835 mm	2835 mm
Spur v./h.	1330/1416 mm	1330/1416 mm	1330/1416 mm	1330/1416 mm
L x B x H	4730 x 1780 x 1530 mm	4730 x 1780 x 1530 mm	4730 x 1780 x 1530 mm	4730 x 1780 x 1530 mm
Felgen	4½ K x 15	4½ K x 15	4½ K x 15	4½ K x 15
Reifen	6,40 S 15 L	6,40 S 15 L	6,40 S 15 L	6,50/6,70 H 15 L
Leergewicht	1440 kg	1440 kg	1470 kg	1490 kg
Zul. Ges.-Gewicht	1900 kg	1900 kg	1900 kg	2000 kg
Höchstgeschw.	162 km/h	165 km/h	175 km/h	190 km/h
Beschleunigung 0–100 km/h	17,5 sec	17 sec	14 sec	12,5 sec
Tankinhalt	70 Liter	70 Liter	70 Liter	70 Liter
Preis bei Erscheinen	Lim. 16 240,- DM	Lim. 18 240,- DM	Lim. 19 640,- DM	Lim. 21 240,- DM

ne inneren Qualitäten überdauern alle Modestreitfragen, und das scheint mir sehr viel mehr als ‚blendende' modernste Außenform bei enttäuschenden technischen Merkmalen."

1963, als das Ende des „Barockengel"-BMW schon längst abzusehen war, testete die *Motor-Rundschau* den 1961 vorgestellten letzten Typ 3200 S. Die Leistung des V8-Motors war inzwischen auf stattliche 160 PS angewachsen. Die Kultiviertheit der Maschine übertraf damals sogar die Eigenschaften des Mercedes-Flaggschiffes 300 SE. „Nach seinen sehr guten Eigenschaften im unteren Drehzahlbereich möchte man dem Motor sein Temperament und seine Leistung von 160 PS kaum

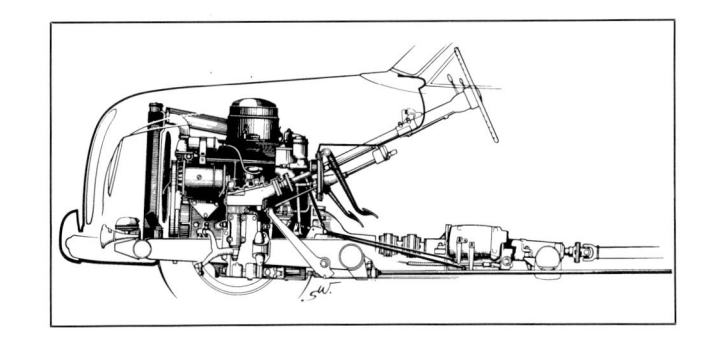

Motor- und Getriebeanordnung im BMW 501.

Typ/Bauzeit	503 1956–59	507 1956–59	3200 CS 1962–65	Bootsmotor 1957–68
Zylinder	V8 90°	V8 90°	V8 90°	V8 90°
Bohrung x Hub	82 x 75 mm	82 x 75 mm	82 x 75 mm	82 x 75 mm
Hubraum	3168 ccm	3168 ccm	3168 ccm	3168 ccm
Leistung PS bei U/min	140/4800	150/5000	160/5600	140/4800
Drehmoment	22,0/3800 mkp	24,0/4000 mkp	24,5/3600 mkp	22,0/3800 mkp
Verdichtung	7,3:1	7,8:1	9:1	7,3:1
Vergaser	Zenith 32 Noix	Zenith 32 Noix	Zenith 36 Noix	Zenith
Batterie	12 V 56 Ah	12 V 56 Ah	12 V 56 Ah	12 V 60 Ah
Lichtmaschine	200 W	200 W	200 W	200 W
Getriebe	4-Gang, Vollsynchron. Knüppelschaltung.	4-Gang, Vollsynchron. Knüppelschaltung.	4-Gang, Vollsynchron., Lenkrad- oder Knüppelschalt.	ZF
Radstand	2835 mm	2480 mm	2835 mm	–
Spur v./h.	1400/1420 mm	1445/1425 mm	1330/1416 mm	–
L x B x H	4750 x 1710 x 1440 mm	4380 x 1650 x 1300 mm	4830 x 1720 x 1460 mm	–
Felgen	4,50 E x 16	4,50 E x 16	5 J x 15	–
Reifen	6,00 H 16 (6 PR)	6,00 H 16 (6 PR)	7,00 H 15 L oder 185 HR 15	–
Leergewicht	1500 kg	1330 kg	1500 kg	–
Zul. Ges.-Gewicht	1800 kg	1500 kg	1900 kg	–
Höchstgeschw.	190 km/h	Hinterachse 3,90 190 km/h Hinterachse 3,70 200 km/h Hinterachse 3,42 220 km/h	200 km/h	–
Beschleunigung	13 sec	11,5 sec	14 sec	–
Tankinhalt	75 Liter	65 Liter, auf Wunsch 110 Liter	75 Liter	–
Preis bei Erscheinen	Coupé 29 500,– DM Cabriolet 29 500,– DM	Roadster 26 500,– DM	Coupé 29 850,– DM	–

glauben. Insbesondere durch die außerordentliche Laufruhe läßt man sich leicht über die tatsächlich gefahrene Geschwindigkeit und über das Beschleunigungsvermögen hinwegtäuschen. Die Stoppuhr zeigt das Temperament dieses unauffälligen Autos. So findet man nur wenige Wagen, deren Schwung mit dem dieses BMW verglichen werden kann. Wir haben deshalb zu unserer Tabelle außer dem Mercedes-Benz 300 SE noch den Porsche Carrera 2 ausgewählt, obwohl dieser als reinrassiger Sportwagen eigentlich nicht neben die beiden Limousinen gehört." Das Ergebnis macht die nebenstehende Tabelle deutlich.

Beschleunigung mit Durchschalten in sec	BMW V8	MB 300 SE	Porsche Carrera 2
0/ 80 km/h	7,0	7,8	6,5
0/100 km/h	11,1	10,5	9,0
0/120 km/h	15,8	15,3	12,0
0/150 km/h	27,1	27,5	20,0
Höchstgeschw. km/h	191	175	210

Durch den Einbau von Scheibenbremsen war der Wagen deutlich aufgewertet und aktualisiert worden: „Nach Einführung der Scheiben-*Bremsen* an den Vorderrädern wurde die Bremsanlage der Geschwindigkeit dieses Wagens angeglichen. Trotzdem sollte man Bremsscheiben mit größerem Durchmesser als derzeit 267 mm vorsehen, da nach mehreren aufeinanderfolgenden Gewaltbremsungen kräftiges Fading und Belagqualmen auftrat."

Nach langer Zeit der Reife und trotz seiner mittlerweile schon recht antiquierten Karosserie bekam der 3200 S auch in diesem, vielleicht letzten Test noch ausgezeichnete Noten.

„Alles in allem ist dieser BMW 3200 S ein konservatives Auto sehr hoher Qualität, dessen gute Eigenschaften den Kaufpreis voll rechtfertigen. Ein ehrliches, solides Auto langer Lebensdauer, mit sportwagenmäßigem Temperament und großer Fahrsicherheit."

Von den großen und nur in geringen Stückzahlen gebauten Luxuscoupés und Sportwagen auf Basis des 502 erschienen nur äußerst selten Testberichte in der Presse. Eine Ausnahme machte die *Motor-Rundschau* in Heft 10/1957 mit der Präsentation des eleganten 503-Achtzylinder-Coupés:

„Ganz selten kann man bei einem serienmäßig fabrizierten Automobil sagen, daß seine Karosserieform klassische Schönheit und vornehme Eleganz so überzeugend verkörpert, daß die konsequente, ungekünstelte Linienführung nicht nur dem Techniker, sondern auch dem Formgestalter Bewunderung zu entlocken vermag."

Der Wagen war sehr geschmackvoll ausgestattet, und der Motor gab in dieser Version 140 PS ab, die den 503 zu einem schnellen Tourensportwagen machten:

„BMW knüpfte mit diesem Wagen wieder an seine langjährige Tradition an, sportliche Automobile zu bauen, wobei nun allerdings zunächst in einer höheren Klasse begonnen worden ist. Zu den serienmäßig lieferbaren Modellvariationen gehört sowohl die Coupéform als auch das Cabriolet mit elektro-hydraulisch betätigtem Verdeck. Die ebenfalls elektro-hydraulische Fensterbetätigung ist eines der Kennzeichen für die reichhaltige komfortable Ausstattung."

Die noch sportlichere BMW-Kreation 507 testete 1960 das amerikanische Automagazin *Car & Driver* schon in der Version mit Scheibenbremsen an den Vorderrädern, die man für dieses Modelljahr eingeführt hatte. Die Amerikaner zeigten sich auf Anhieb hingerissen von der Schönheit dieses Autos:

„Die stärkste Anziehungskraft dieses Typs 507 ist seine Schönheit. Kein anderer Wagen strahlt solch ‚animalische Grazie' aus und rechtfertigt den alten Spruch mehr: ‚Selbst geparkt sieht er aus, als ob er 100 Meilen schnell läuft.' "

Humorvoll deckte man später kleine Mängel dieses faszinierenden Wagens auf: „Wenn man schnell fährt, kann man sich über etwas beklagen, was nichts mit den geringen Unzulänglichkeiten der hinteren Starrachse zu tun

Stückzahlen 1952–65 (Bootsmotoren bis 1968)

Modell	1952	1953	1954	1955	1956	1957	1958	1959	1960	1961	1962	1963	1964	1965	Gesamtproduktion
501	49	1592	3410	2027	1080	611	150	7	5	5					8936
502 2,6 L			186	2364	1999	540	916	1170	259	730	615	315	15		9109
502 3,2 L			4	157	529	358	564	528	397	780	269	235	14		3935
503				2	154	64	143	50							413
507				2	13	91	98	48							252
3200 CS									3	25	142	253	115		538

BMW en miniature

hat. Es ist dies das alte Problem, einen bequemen Einstieg mit Sitzen zu erreichen, die auch guten Seitenhalt bieten. Im 507 muß man sich in schnell gefahrenen scharfen Kurven fest am Lenkrad anklammern, um nicht in den Türtaschen zu landen."

Die Tester freuten sich über ungewöhnliche Details im Cockpit, wie die Betätigung der Lichthupe mittels des „Huprings", wobei Lichthupen in Amerika noch so gut wie unbekannt waren. Unzufrieden war man mit der zu hohen Anordnung der Pedale, doch fand die simple Handhabung des Verdecks großen Beifall:

„Alles, was Sie tun müssen, ist, die zwei Klammern am Scheibenrand lösen und das Verdeck buchstäblich nach hinten werfen. Aufgrund seiner präzisen Führung fällt es genau an seinen Platz, ohne daß man mit Stoßen und Drücken nachhelfen müßte."

War der 3,2-Liter-V8-Motor für deutsche Verhältnisse damals das höchste der Gefühle, so zeigten sich die Tester von *Car & Driver* eher enttäuscht:

„Mit nur 3,2 Liter Hubraum muß man den Begriff sportlicher Leistungsentfaltung schon eher großzügig auslegen. Beim Spurt aus dem Stand können die Räder zwar zum Durchdrehen gebracht werden, aber das Auto wird dadurch nicht schneller. Die erreichten Werte sprechen für sich. Der 507 ist nicht gerade eine lahme Ente, aber auch kein Tiger; er ist vielleicht sportlich, aber keineswegs rasant."

Am Ende kamen die Amerikaner zu dem Urteil: „Wer gute, aber nicht eben atemberaubende Fahrleistungen will, wird mit dem BMW 507 einen sehr befriedigenden Wagen bekommen, einen Wagen von hoher Qualität, der Luxus, Komfort und Schönheit reizvoll verbindet. Man ist stolz, und er bereitet viel Fahrvergnügen."

BMW 501/502				
Märklin (D)	Fertigmodell	Kunststoff	1:87	
Wiking (D)	Fertigmodell	Kunststoff	1:87	
Wiking (D)	Fertigmodell	Kunststoff	1:87	
Eko (SP)	Fertigmodell	Kunststoff	1:86	
Ribeirinho (P)	Fertigmodell	Kunststoff	1:86	
Siku (D)	Fertigmodell	Kunststoff	1:60	
Märklin (D)	Fertigmodell	Metall	1:43	
Metal 43 (F/GB)	Kit/Fertigmodell	Metall	1:43	Limousine
Metal 43 (F/GB)	Kit/Fertigmodell	Metall	1:43	Cabriolet
DUX (D)	Fertigmodell	Kunststoff/Metall	1:36	
SSS International (J)	Fertigmodell	Blech	ca. 1:32	
BMW 503				
RD Marmande (F)	Fertigmodell	Holz	1:43	
Schuco (D)	Fertigmodell	Metall	1:41	
BMW 507				
Schuco (D)	Fertigmodell	Metall	1:90	
Roco (D)	Fertigmodell	Kunststoff	1:75	
Märklin (D)	Fertigmodell	Metall	1:43	
Metal 43 (F/GB)	Kit/Fertigmodell	Metall	1:43	
Peetzy (D)	Fertigmodell	Kunststoff	1:40	
Sanwa (J)	Kit	Kunststoff	1:32	

Rechts: Einige BMW-Modelle diverser Maßstäbe.

BMW-Clubs

BMW V8-Club
Erich Reckel, Rapskamp 7
D-3204 Nordstemmen 4

BMW Veteranen Club Deutschland e. V.
H. H. Krombach, Im Breiten Feld 19
D-5910 Kreuztal-Kredenbach

BMW Clubs Europa e. V.
Postfach 40 02 40, D-8000 München 40

BMW Archiv Saar
D. Bollinger, Stennweiler Str. 4
D-6689 Merchweiler 2

BMW Veteranen Club Schweiz
M. Brodowski, Sagenrain 1
CH-8605 Guteswil

BMW Club Linz
Erwin Forstner, Friedhofstr. 28, A-4020 Linz

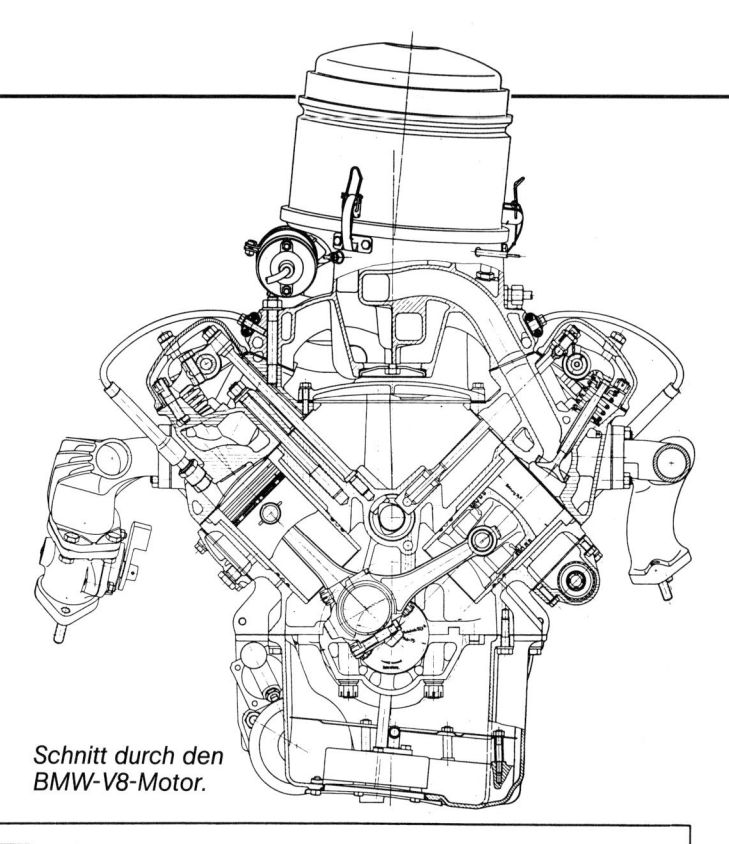

Schnitt durch den BMW-V8-Motor.

Schrader Motor-Antiquariat

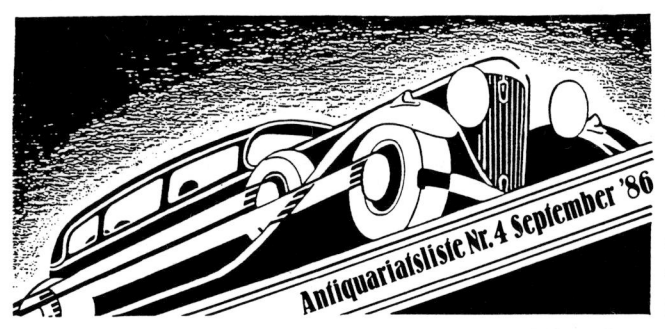

Antiquariatsliste Nr. 4 September '86

Suchen Sie antiquarische Prospekte, Bücher, Zeitschriften oder technisches Material? Fordern Sie unsere aktuelle Antiquariatsliste gegen 3,– DM in Briefmarken an. Und wenn Sie uns etwas zu verkaufen haben, so freuen wir uns über Ihr schriftliches Angebot.

Schrader Automobil-Bücher
Frauenstraße 32 · 8000 München 5 · Telefon (089) 227775

Literatur für den BMW-Enthusiasten

BMW-Liebhaber vermissen seit eh und je ein ausführliches Buch, das nur den „Barockengel" zum Inhalt hat; erstaunlicherweise hat sich bisher auch noch kein Autor des BMW 507 angenommen. In dieser Richtung waren einige Enthusiasten allerdings Ende 1987 bereits aktiv, so daß mit Veröffentlichungen in absehbarer Zeit zu rechnen ist. In welchen Büchern der 501/502 und seine Verwandten ansonsten berücksichtigt sind, zeigt die nebenstehende Aufstellung.

BMW-Automobile: Vom ersten Dixi bis zum BMW-Modell von morgen von Halwart Schrader. Dieses Standardwerk, das die komplette Firmen-, Modell- und Sportentwicklung der Marke BMW schildert, wurde auf den Stand von August 1987 aktualisiert. Unübertroffen in seiner vom Werk anerkannten Authentizität und in der Fülle seiner historisch belegten Daten und Fakten. 480 S., 1250 Abb., davon 46 in Farbe.

BMW – Das Buch vom Auto von Don Slater. Ein Bildband über die Geschichte von BMW. 108 S., 115 meist farbige Abb.

BMW – Die Geschichte der Bayerischen Motorenwerke von Jan P. Norbye. Ein mit brillanten Fotos ausgestatteter Bildband, der die Geschichte der Bayerischen Motorenwerke von 1928 bis 1984 dokumentiert. 256 S., 150 Farb- und 230 SW-Fotos.

BMW Cars von R. M. Clarke. In der Brooklands-Reihe sind Nachdrucke von zeitgenössischen Straßentests und Berichten zusammengestellt, die ein umfassendes Bild über die Automobile dieser Marke bieten. 100 S., sehr viele Abb., engl.

Geliebte alte Automobile von Halwart Schrader. In diesem 304seitigen Bildband ist ein ausführliches Kapitel der Marke BMW gewidmet. 12 S., 8 Farb- und 6 SW-Fotos.

Alle BMW-Automobile von Werner Oswald. In diesem Buch werden alle von BMW gebauten Autos bis 1980 aufgeführt. Genaue Auflistung mit kompletten technischen Daten, eine hilfreiche Typologie zur Identifizierung und Information. 176 S., 220 SW-Abb.

BMW Veteranen Junggeblieben. In diesem kleinen Büchlein werden die schönsten noch erhaltenen BMW-Veteranen vorgestellt. 48 S., 24 Farbfotos.

BMW Museum – Zeitmotor. Ein Begleitbuch zum wiedereröffneten Museum Mai 1984. Ein Rückblick in Lebens- und Arbeitsbilder der Vergangenheit und Themen und Thesen zur Zukunft. 144 S., 47 SW- und 101 Farbabb.

BMW – Cars of the Bavarian Motor Works von Michael Frostick. Eine Fotodokumentation mit knappen Beschreibungen aller Wagen bis zum Jahr 1978. 208 S., 382 SW-Fotos, engl. Text.

BMW Pocket History von Eberhard Seifert. Dieser kleine, aber exzellent aufgemachte Markenband schildert die Markengeschichte von BMW. 72 S., 166 Abb., 4 in Farbe, engl.

BMW – Die großen Automobilmarken. Die deutsche Bearbeitung der Great Marque Serie. 80 S., 5 SW- und 75 Farbfotos.

BMW – Great Marques. 80 S., 5 SW- und 75 Farbfotos, Paperback, engl. Text.

The New BMW Guide von Ron Wakefield. Ein kurzer Abriß der Firmengeschichte bis 1978. 222 S., 175 Abb., engl. Text.

BMW Illustrated Buyers Guide von Ken Gross. Vom 501 bis 1980. Ein fundierter Kaufberater mit vielen technischen Daten und Informationen. 176 S., viele SW-Abb., engl.

The BMW 1979 von Koichi Inouye. Ein schönes Buch aus der Neko-Serie mit hervorragendem Fotomaterial über die Marke BMW. Behandelt die Modelle 507, 501, 700 und alle späteren Modelle bis 1979. 121 S., 286 Abb., jap.

BMW 501, 6-Zylinder 1952. Nachdruck der Betriebsanleitung, ca. 40 S., 526.

BMW 501 A und B / 501/6 bis 501/8, 502, 503, 507. Nachdruck der Montageanleitung, ca. 180 S., A4. WK 888.

BMW 503. Nachdruck der Betriebsanleitung inkl. Pflegedienstplan. WK 303.

BMW 503. Nachdruck Ersatzteilliste. WK 1700.

BMW 507. Nachdruck der Betriebsanleitung inkl. Pflegedienstplan. WK 287.

BMW 507 V8. Nachdruck Prospekt, vierfarbig. WK 510.

BMW V8, 2,6/2,6 Luxus, 3,2/3,2 Super. Nachdruck der Betriebsanleitung. WK 463.

BMW V8 (2600, 2600 L, 3200 L, 3200 S, 3200 CS). Nachdruck der Ersatzteilliste für Motor, Getriebe, Achsen, Lenkung und Bremsen. Ca. 180 S., WK 460.

BMW Poster Automobile 1952–1979. 19 Nachkriegs-BMW vom 501 aus dem Jahr 1952 bis zum BMW 733i aus dem Jahr 1979 sind auf diesem Automobile-Quarterly-Poster zu sehen. 63 x 96 cm, vierfarbig.

BMW 507 8-Zylinder 3,2 L Poster (Reprint). A3, vierfarbig.

MARKT
für klassische Automobile und Motorräder

Europas größte Oldtimer-Zeitschrift

Über 160 Seiten.

Über 4000 Kleinanzeigen.

Jeden Monat neu — überall am Kiosk!

Probeheft erhältlich bei: VF Verlag, Hüttenstr. 10, 6200 Wiesbaden.